僕が30代で
5億円の資産を
つくれたのは、
誰でもできる
シンプルなことを
大切にしただけ。

午堂登紀雄 Tokio Godo

かんき出版

はじめに

成功は「シンプル」から

30歳を過ぎて気がついた大切なこと

――「成功は、シンプルから生まれる」

これは、Google創業者セルゲイ・ブリンの言葉です。僕のやってきたこともこの言葉どおり、シンプルなことでしかありません。

僕は今、自由を謳歌しています。

不動産仲介など事業の運営はビジネスパートナーに任せているので、会社に通勤する必要もなければ満員電車に乗る必要もありません。

そのため、好きな時間に起きて、好きな時間に寝る。旅行に行きたくなったら行けるし、休みたいと思ったら休めばいい。

今も、マレーシアに出張に行く飛行機の中で、コーヒーを飲みながらこの原稿を書いています。このあとは、マレーシアでのビジネスの提携相手と打ち合わせの予定です。

好きな相手とだけ付き合い、面倒な人とは付き合わない。

だから毎日が楽しく、余計なストレスとは無縁の生活です。

このような生活を手に入れることができた大きな理由の一つが、本書のテーマでもある、「よりシンプルに考える」「よりシンプルに行動する」というものです。

でも僕がそれに気づいたのは、30歳を過ぎてからのこと。

それまでは、社会人としては本当にダメダメな人生を歩んできました。

ダメダメだった20代

20代の頃。

就職氷河期にもかかわらず、就活には乗り遅れ、仕事が決まらないまま大学を卒業しました。生活のため、ビル清掃のバイトなど必要最低限の仕事はしていましたが、1日のほとんどの時間をアパートで過ごすフリーター生活をしていました。今の言葉でなら、ニートと言えるでしょう。大学生のときに借りていた奨学金も返せないので、返済の開始時期を延期してもらったくらいです。

フリーター生活が不安になった頃、簿記の専門学校主催の就職フェアに参加しました。なんとか都内の会計事務所から内定をもらい働き始めました。夏も終わりのことです。

しかし、やる気マンマンだった僕を待っていたのは、みじめな日々でした。

最初の仕事は、顧客からもらってくる会計伝票の入力という、本当に単純な仕事でした。しかし、いきなり入力ミスやら計算ミスを連発。

それが何度か続き、わずか1カ月ほどで「コイツは使えない」というレッテルを貼られるようになりました。毎日、先輩や上司から怒られ、「なんでこんなこともできないんだ」と説教される日々。

ストレスで朝は起きられなくなり、遅刻することが増え、さらに怒られる。

最後は、職場で笑うこともできなくなりました。ついに惨めさと精神的なしんどさでウツ寸前となり、「もうダメだ。辞めよう……」と、逃げ出すことを決めました。

そして、「お前、どうするんだ！」と詰め寄られ、僕は小さな声で「はい……辞めます……」と答えるしかありませんでした。就職してからわずか1年のことです。

これが、僕の社会人としてのスタートでした。


この経験から、僕は意識して「考え方」を変えようともがいてきました。それが本書で紹介している思考や行動のルールです。

「シンプル」こそが不安定な時代を駆け抜ける武器

こんな僕の資産は今、国内外合わせ、不動産を中心に5億円を超えました。
贅沢しなければお金にはそれほど困ることはありません。

もっとも、この生活が何年続くかはわからないので、不安がまったくないと言ったらウソになります。でも、その不安を軽減してくれるのが、多様な収入源の存在です。
たとえば、ここ1カ月間の収入は、次のとおりです（数字は若干丸めています）。

不動産仲介の手数料収入――120万円
保険販売の手数料収入――30万円
セミナー収入――25万円
アフィリエイト収入――5万円
書籍の印税収入――65万円
雑誌連載の原稿料――2万円

海外不動産売買の手数料収入――40万円
講演料収入――35万円
メルマガ広告収入――10万円
有料メルマガからの収入――10万円
ウェブコラムの原稿料――10万円
雑誌取材の収入――3万円

所有する不動産からの家賃収入――60万円　　FXトレードによる利益――――95万円

1カ月の収入の合計――――510万円

これより多い月もあれば、少ない月もあります。固定的な収入はなく、すべてが変動的だから、不安定と言われればそのとおりです。「言うほど稼いでいないな」と思われた方もいるかもしれませんが、1日の労働時間は多い日で6時間くらいでしょうか。

いわゆるルーティンワークはほぼゼロ。すべて楽しんでやっている仕事ばかりです。

個人投資家・作家・セミナー講師としての顔を持ちつつ、ビジネスとしては新事業の立ち上げやアジアの新興国の進出支援などを中心に活動しています。それもすべて、自分が「面白そう」と思えるものだけをやり、面白くなくなればやめる。

こんなふうになれたのは、何度も言うように「シンプル」なことだけをやってきたからです。

だから、本書に書いてあるコトは本当に簡単でシンプルなことばかり。

なぜなら僕は、複雑なものよりもシンプルなもののほうが本質に近いと考えているからです。

それは、省略するとか割り切るとか一言で片付けるといった短絡的な発想ではなく、**先の見えない不安定な時代を軽やかに駆け抜ける一つの知恵であり、正解が存在しないリアル社会で人生を切り拓くための有力なアプローチだと考えています。**

ビジネスはもちろん、投資もシンプルに考える

ビジネスではよりシンプルに考えるように心がけています。

僕は不動産コンサルタントをしています。たとえば不動産投資のキモは「入居者が確保できるかどうか」です。

ということは、入居者の視点に立ち、彼らがどういう基準で賃貸物件を探し、何を優先して物件を決めるかを想像すれば、誰にでもわかる話。そう、場所が便利で家賃がリーズナブルな物件です。

投資も同じです。

「投資で利益を上げるのは難しそう。たくさんの勉強が必要なのでは？」そう考える人も多いかもしれません。

しかし、株でもFXでも投資信託でも、「安いときに買って高いときに売る」のが基本ですから、みんながパニックになっている暴落時に買い、みんなが浮き足立っている好景気のときに売ればいいだけ。難しい分析なんて必要ありません。

もちろん仕事でもそう。

流行りのデジタルガジェットやクラウドサービスにお金を使っても、やるべきことが増えて、より複雑になるだけです。

それよりも、そんなものを捨てたほうがよい場面もある。手帳やノートのほうがアナログかつ自由でいい。充電しなきゃいけないもの、電池がなくなれば終わり、というものを減らす。ニュースは検索できるから、記事のクリッピングなんてやめてしまう。

人間関係もシンプルに。

それはつながりを希薄にしろということではなく、他人の言動にいちいち目くじらを立てないということです。

最近では「非常識だ」「道徳的にどうなのか」「不謹慎だ」なんて怒ってばかりの発言が目につきますが、そういう人は他人に自分の感情をコントロールされているのです。

他人に依存しない。他人からの影響を最小限にする。

「他人は自分ではコントロールできない。だから自分が変わればいい」と考えれば、会社や政府がおかしなことをしても、自分で何とかしようと考え行動するので、不満も最小限に抑えることができます。

そしてもちろん、人生も。

「人生は甘くない」と考えてしまうと、複雑で難しいものが価値があると捉えてしまいがち。だから忍耐やら我慢が尊いものとなり、人生が窮屈になる。それよりも、「人生楽勝」「別に命まではとられるわけじゃないし」と考える。

そうすれば、リスクにとらわれずに挑戦できる。失敗したことも引きずることなくすぐ忘れ、良かったことだけ覚えている。そのため、ますます挑戦体質になる。ストレスもたまらない。

それが、より変化に強い生き方になると僕は思っています。

あらゆる場面において、もっともっとシンプルに考える。

「目的を達成するには、どこを押さえればいいか？」というポイントにフォーカスし、それ以外のことは思い切って捨てる。

そうすれば、仕事も人生も余裕が生まれ、もっと楽しめるようになるはずです。

本書では、僕個人がやってきたこと、今もやっていることを紹介しました。

もちろんすべてがみなさんにあてはまるわけではないですが、「そんな捉え方もあるのか」と振り返るきっかけになれば、著者としてうれしく思います。

不動産コンサルタント・米国公認会計士　午堂登紀雄

目次

僕が30代で5億円の資産をつくれたのは、
誰でもできるシンプルなことを大切にしただけ。

第1章

30代で「稼ぐ人」になるための

仕組みづくり

第2章

30代で「稼ぐ人」になるための

時間の使い方

第3章

30代で「稼ぐ人」になるための

コミュニケーション

第4章 30代で「稼ぐ人」になるための 習慣

第5章

30代で「稼ぐ人」になるための

視点・発想を変える

第6章

30代で「稼ぐ人」になるための

モチベーションマネジメント

カバーデザイン◎井上新八
本文デザイン・DTP◎新田由起子（ムーブ）

第1章

30代で「稼ぐ人」になるための

仕組みづくり

忘れないでください。
仕事を増やしてはいけません。
簡単にするのです。

使徒　リチャード・G・スコット

01 成功しているのは、優秀な人ではなく仕組みをつくった人

冒頭からですが、私は早起きが苦手です。

時間術の本や自己啓発の本には、「どれだけこの著者は早起きなのだろう？」「どれだけ仕事を詰めこんだ生活をしているのだろう？」と思うようなことが書かれていますが、残念ながら私はそうではありません。

ですから、この本には誰にだってできることが書いてあります。朝が苦手な人でも、面倒くさがり屋な人でも、「稼ぐ人」になることができます。大丈夫です。

私は学生時代に、簿記1級の資格取得を目指しました。

このとき「早起きすれば成功する」というような本を読み、奮起した私は朝5時に

起きてファミレスに行き勉強しました。しかし、眠くて眠くて、まったく勉強が進みませんでした。そのまま頑張って続けていれば、習慣になったのかもしれませんが、その前に挫折してしまいました。

そもそも論からすると、本当の目的は試験に受かることですから、「朝早く起きる」ことが本質ではなく、いかに毎日の勉強を長く続けるかのほうが重要です。

それに私自身、特別な人間ではありませんから、苦行のように歯を食いしばって何かを頑張るスタイルは、短期ならできても長期となるととても続けられません。

たとえどんなに効率的で素晴らしい理想的な習慣であっても、それが自分にとって過剰な「負荷」をともなうものであったら、よほど本人の意志が強くなければ、結局は挫折してしまうものです。

そのためには、できるだけ今の生活スタイルを変えずに、より成果が得られる「仕組み」づくりが必要だと考えました。

たとえば、寝る時間や起きる時間はムリに変えない。私の場合、少なくとも7時間は寝ないと、寝不足で頭がぼーっとして、集中力や判断力が保てません。

ですから、「早起きは三文の徳」であることはわかっているのですが、寝不足は避けたいので、今は朝7時から8時の間に起床しています。

前日に飲み会などが入って遅くなったときは、朝10時ごろに起きることもあります（もちろんこれは、私が事業家であるからできることではありますが）。

睡眠時間をしっかり確保したうえで、「起きている時間の中でいかにうまくやるか」を考えることで、挫折するリスクが低くなり、大量にアウトプットし続けることができています。

ただこれだけでイイ!

自分に負担をかけない「仕組み」をつくる

貯金でいえば、毎月の給料の中から、別の口座に一定額を天引きして振り替える、自動積み立ての「仕組み」をつくってしまう。そうすると意識しなくても、お金が貯まっていきます。とにかく「継続するにはどうすればよいか」という発想をするということです。「継続は力なり」というように、続けることで力量が上がる、成果が上がるというものはたくさんあります。

02 自分のゴールデンタイムを知る

あなたは、自分のゴールデンタイムをご存じでしょうか？

1日の中でもっとも集中できる時間帯を、私は「ゴールデンタイム」と呼んでいます。

これは、人によって違います。午前中に頭が冴える人と、午後からの人、夜に集中できる人などさまざま。


自分のゴールデンタイムを知ることは、とても重要です。そこの時間帯にもっとも重要な稼げる仕事をぶつけることで、生産性が上がるからです。


私の場合、起床してすぐから午前中が頭の一番冴えるゴールデンタイムです。

そのため、企画の立案や原稿の執筆、プレゼン資料の作成といった頭を使う仕事や、

ただ これだけで イイ！

自分の得意な時間を知れば、人生は勝ったも同然！

手間のかかる書類の作成、マーケットデータの分析など緻密さを要求される仕事を午前中に片づけるようにしています。

すると、その日のうちにやらなければいけない重要な仕事は、だいたい午前中で終わってしまうので、精神的にもかなりラクになります。

多くの人は、よく睡眠時間を削って何かをするという発想をしがちですが、そんなことをしなくても大丈夫。

自分に合った時間＝自分の「ゴールデンタイム」を知って仕組みをつくれば、最高に生産性を上げることができます。

03 朝にやってはいけないことリストをつくる

前述のとおり、私にとってのゴールデンタイム、つまり、もっとも集中できる時間帯は、午前中です。そこで、朝は収入に直結する仕事をやろうと決めています。

だから私は、朝起きて布団から出たらすぐに着替えて、寝ぐせのついた頭のままで近所のカフェに行きます。目覚めてから家を出るまで5分もかかりません。

朝がはかどれば、とても充実した気分で1日を終えられますが、朝がダラダラしていると、終日ダラダラ感があり、達成度も満足度も低くなります。

私にとっては、朝の使い方がその日1日の生産性を決めているようです。

そこで私は、朝にやってはいけないことをリストアップしています。

もちろん、人によってワークスタイルは異なるので、あくまでこれは私個人のリストです。

・**新聞を読む**……朝に情報収集は不要
・**テレビを見る**……朝のニュースは同じ内容の繰り返しで無駄が多い
・**ネットサーフィン**……いつの間にか時間が経ってしまう
・**緊急でないメールの返信**……メールの処理だけで仕事をした感じになってしまう危険がある
・**会議や打ち合わせ**……集中力がなくてもできることだから
・**交通費の精算・日報・業務日誌を書くなどの雑務**……思考力を要しない作業はいつでもできる

ただこれだけでイイ！

朝は収入に直結することをやる

「それじゃやることなくなっちゃうよ」という人は、もしかしたら、利益につながる仕事をやっていないかもしれません。

04 月曜日は予定を入れない

現在の私は時間や曜日に縛られない生活をしていますので、月曜日だろうと日曜日だろうと関係なく予定を入れています。

しかし会社員時代の手帳を見ると、月曜日にはたいてい予定が入っておらず、空白です。

目上の方などからの依頼だと、どうしても避けられないということはありますが、極力、月曜日は予定を入れないようにしていたからです。

月曜日は１週間のスタート。

ここでバタバタしてしまうと、その１週間がずっとあわただしいまま過ぎてしまい

がちだ、ということに気がついたからです。

また、月曜日は週はじめの会議やミーティングが行われることが多いもの。

1週間の方針がそこで決まるので、月曜日の自分の予定を空けておけば、会議やミーティングの結果を受けて、自分が1週間を効率的に動くための計画をしたり、調整するための時間にあてることができます。

会議には、幹部はもちろん普段は会社にいない地方や現場の社員なども集まっていますから、情報収集などコミュニケーションを取りやすい日。

そんな月曜日に余裕を持っていなければ、社内人脈を築くチャンスを逃してしまいますからね。

ただこれだけでイイ!

手帳の月曜日は空白にしておこう

05
日曜日の午前中に仕事をすると、月曜日がすっきりスタートできる

月曜日をバタバタさせないために、私が会社員のときは、日曜日の朝だけ会社に行って、メールの処理や業務日報の書き込みなど、簡単にできる仕事を少しだけ済ませておくようにしていました。

すると、スッキリした気分で日曜日の午後が迎えられます。

それに月曜の朝も、前週までの残務処理やメールの返信も済んでいますから、余裕を持って１週間がスタートできます。

週末を完全にエンジン停止させるのではなく、少しアイドリングさせておくことで、何かとバタバタする月曜日も余裕を持って迎えられるようになりました。

ただこれだけでイイ！

週末のアイドリングが月曜日のスタートを決める

今では会社のメールを自宅でチェックすることができるようになりましたので、わざわざ出社する手間も省けます（セキュリティ上、会社のメールは自宅では見られない会社や、土日は会社に出入りできない会社もあると思いますが）。

1週間のスタートを決める月曜日。

余裕を持って臨みたいものです。

06 打ち合わせは午後

現在でも日々の業務の組み立てで守っているルールがあります。

それは、**打ち合わせの類やさほど重要でないメールの返信は、基本的に午後に回すということです。**

午前中に集中すると疲れますが、そんな午後に人と会って商談や打ち合わせをすると、気分転換にもなり、集中力も戻ってきます。そのために、打ち合わせがある場合**「先手必勝」で「この日とこの日の午後が空いています」と自分からスケジュールを投げておきます。**

相手の返答を待っていると、相手の都合に合わせざるをえませんが、先に投げればこちらの都合のいい時間で決められるので、自分の思う通りに予定を組み立てることができます。もちろん、自分より目上の相手とか、こちらからお願いしたアポイントでは難しい側面がありますが。

メールのチェックはスマートフォンで適宜行っていますが、返信も優先順位の高いものを除き、午後にまとめてするようにしています。

また、急ぎの用件ならすぐ電話をします。メールで返事を書いていると5分、10分すぐに時間が過ぎてしまいますが、電話なら1、2分で用件が終わるからです。

また、返事はすぐすることで、相手から喜ばれます。何か頼みごとをされたときは、とりあえず「イエス」でも「ノー」でもいいので、すぐさま返事をしましょう。

相手にも予定があるので、遅いと迷惑をかけます。時間をかけたあげく「ノー」だったら、相手は「断るんだったら、早く言ってくれ」と思うでしょう。

また、「イエス」だとしても時間がかかると、「あまりやりたくないのかな」と思われ、何をやっても結局はマイナスになってしまいます。

ただこれだけでイイ!

打ち合わせは午後! スケジュールは先手必勝! 返事は早く!

第2章

30代で「稼ぐ人」になるための時間の使い方

時はその使い方によって金にも鉛にもなる。

フランスの小説家　アントワーヌ・フランソワ・プレヴォ

07

「時間密度」を凝縮させる

私がコンサルティング会社に勤めていたときのことです。

クライアント企業のある部長は、毎朝定時に出社するものの、最初にやることは新聞を広げ、コーヒーを飲むことでした。それから30分から1時間経ったところで、ようやく仕事に取りかかります。

もちろん、それでやるべき仕事が片付くのなら問題ありません。でも彼は、毎日残業をしていたのです。

こういう人、実は多いのではないでしょうか。

これを防ぐために、「時間密度」という発想を持ってみましょう。

これは、**「24時間すべてみっちり詰めこむ」のではなく、単位時間あたりの処理ス**

ピードを上げ、「集中できるときに、集中してやるべきことをやる」という意味です。

そのほかの時間は、適当に気を抜いて流していてもいい、というのが「時間密度」の考え方です。

「残業をしないで、サクッと帰ろう」と思えば、昼間の時間の密度が濃くなります。でも、夕方5時過ぎてから、「まだこれからひと仕事しよう」と思えば、どうしてもダラダラとした時間の使い方になってしまいがちです。

先ほどのゴールデンタイムとも関連しますが、とりあえず重要な仕事を片付けてしまえば、あとは別に明日に回しても構わないでしょう。

ただこれだけでイイ！

やるべきときにやることをやる！

08「時間密度」の高め方

長時間労働をしたからいい仕事ができるのか、いいアウトプットができるのかというと、実際にはそれほど相関関係はなさそうです。

私自身、原稿を執筆するときも、集中してワッと書いたほうが、ダラダラと時間をかけて書いたときより、まとまりのある文章が書けますし、講演のレジュメや企画書も、短時間でまとめたほうが、メッセージが凝縮されたものができ上がります。

つまり先ほどの「時間密度」という発想を導入すると、「スピード」と「クオリティ」が両立できます。

「早かろう、まずかろう」ではなく、「早くて、うまい」が実現するわけです。

ただこれだけでイイ！

1日1回、持てる力を爆発させる時間をつくれば、あなたは変わる

「クオリティ」を上げるためには、時間をかけてやろうとするよりも、「時間密度」を上げる方向にもっていくのです。

具体的には、たとえば「これからの1時間は伝票処理タイム」「このレポートは30分で終わらせる」と集中的にやるべきことを定めます。

次に、携帯電話やスマートフォンのタイマー機能を使って時間を設定します。

そしてヨーイドンでスタートし、一気に片付けるのです。

09 睡眠時間は削らない

「時間密度」を考えるうえで重要なことがあります。

それは、「集中力」です。

「集中力」がなければ、時間の「密度」は濃くはできません。

「時間密度」を上げるために欠かせないエンジンが、「集中力」といえるでしょう。

そのためにも、私は睡眠時間だけは削らないようにしています。

よほどの締め切りに追われているとか、遅れると多大なる損失や迷惑をかけるという場合には寝不足でもなんとかなります。

しかし平時であれば、睡眠不足ほど大敵はありません。寝不足で頭がぼんやりして

ただこれだけでイイ！

睡眠は最強の薬と思え

いるときは、どんなに強固な意志をもってしても、「集中力」は高まりません。午後などはむしろ、生産性が下がってしまいます。

また、睡眠不足は前向きな情熱が維持できず弱気になったりネガティブな発想をしがちだということにも気がつきました。

タイムマネジメントとは、睡眠時間を削ってまで仕事を詰め込むことではなく、同じ時間内でよりよいアウトプットをすることです。

「集中力」を上げて、「時間密度」を高める最も重要な鍵は、「睡眠」が握っています。

そのため私は、1日7時間から8時間は寝るようにしています。

10 時間をつくりだすとは、優先順位を変えること

よく耳にする「忙しくてそんな時間がありません」という言葉。

「英語を勉強したいのですが、忙しくて勉強している暇がありません」「スキルアップのために読書をしたいのですが、仕事に追われて時間がありません」とか。

しかし、もし自分の親が病気で倒れたら?

「忙しくて、病院に行っている時間はない」と言うでしょうか。ほとんどの人はすぐに飛んで行くはずです。

あるいは、宝くじの1等が当たっていて、今日が交換の最終日だとしたら?

「忙しくてそんな時間はない」と言うでしょうか。

ただこれだけでイイ！

「時間がない」とは、やる気がないことへの言い訳と知る

私ならすべての予定をキャンセルして、風邪で熱が40度あっても、はってでも行きます。

つまり**時間が「ある」「なし」は物理的な問題ではなく、その人の心の中での優先順位が高いか低いかの問題だけなのです。**

「本当にやりたい」のであれば、どんなことにも優先してやるはず。

「時間がなくて、英語を勉強している暇がない」のは、「必要性を感じていない」「優先順位が低い」「面倒くさい」「ホンネではやりたくない」ということです。

だったら、初めから別のことのために時間を使ったほうが良いと言えます。

11 緊急度が低いものほど、重要度が高いことがある

私たちは、重要で優先順位が高いことを意外にも、後回しにしてしまいがちです。

実際、重要なことのほうがいろいろ考えなければならないので、面倒なものです。

もちろん、それを自分で認識していればよいのですが、**無意識のうちに、実はどうでもいいことを先にしていることがあります。これは長時間労働が習慣になっている人によくありがちです。**

それを防ぐために、いま抱えている課題を座標軸に当てはめる、有名な考え方があります。

座標軸の縦軸を「緊急度」として、高い、低いに分けます。横軸は「重要度」にし

て、やはり高い、低いに分けます。

まず「緊急度」が高くて、「重要度」も高いAゾーン。これは優先順位が最も高いことがわかるので、誰でも最初にやるべきだと認識できます。たとえば、「顧客からのクレームが来たからすぐ対応」などがここに当たります。

その次にやりがちなのは、とかく「緊急度」が高くて、「重要度」が低いCゾーン。これは、「メールが来たからすぐ返事」といったことなどです。

しかし、**本当に優先順位の高いものは、「緊急度」は低くても「重要度」が高いBゾーンです。**

Bゾーンには、たとえば自分の5年後、10年後を考えて、「自分の生き方やキャリアを考える」といったことが入ります。

「5年後に、自分は何をして稼いでいるのか」「今の仕事をそのままやっていて、将来、本当に幸せなのか」「家族が増えたとき、どのような環境をつくっておくべきか」ということは、優先順位が高いでしょう。

とはいえ、今日明日にどうこうしなければならない問題ではない。というか、別にやらなくても、とりあえずは困らない。

それゆえ私たちは、これらを後回しにして、「緊急度」の高い目先のこと、つまりBゾーンよりCゾーンを優先しがちです。

でも、こういうことが将来ボディーブローのように効いてきて、20年、30年経ったあとに「あ、しまった」「もう手遅れだ」ということになりかねません。

「自分は今、何をやるべきなのか」というBゾーンの事柄を、常に意識の片隅に置いておくだけでも、これからの人生が違ってきます。

そうすれば、日々の忙しさにまぎれていても、思い出すことができる。自分の描いた道から外れれば、それに気づくことができるはずです。

ただこれだけでイイ!

時間の使い方は、人生の使い方に等しい

12 可処分時間を増やす「並列思考」

1日24時間をそれ以上に増やすには、「並列思考」で自分の行動を組み立てることです。

たとえば、家事をするとき、掃除機をかけてから洗濯機を回すか、洗濯機を回しながら掃除機をかけるかで、家事に要する時間が変わるでしょう。

これと同じで、業務日報を書いてから、明日の会議の資料をコピーすると、コピー機の前で待ち時間が発生しますが、コピーをかけてから業務日報を書けば、日報を書き終わったころにはコピーも終わっています。

自分の仕事を終えてから相手にメールで依頼するよりも、先にメールを投げておいて、返信を待っている間に自分の仕事に取り掛かれば、それが終わった頃に相手からの返事が来ますから、待ち時間が短縮されます。

これを私は「並列思考」と呼んでいますが、要するに〝ながら〟の技です。

移動時間はただ移動にだけ費やすのではなく、電車の中なら本を読む。タクシーなら携帯で打ち合わせをするなど、移動と他のことがセットででき、時間が2倍になります。**自分の使える時間である「可処分時間」を増やすには、並列思考が有効です。**

これに対して、一定の時間に同じことを集中してやるのは「直列思考」です。

たとえば、この時間は伝票入力を一生懸命やろうとか、この時間は原稿書きに集中しようとか、この時間はメール返信に費やそうなどと、あることを集中してやるのが「直列思考」です。

ノッているときは、「直列思考」でやること。就業時間を過ぎていても、休日であっても、締め切りがかなり先であっても、徹底的に「直列思考」でやりましょう。ノッているときに進めてしまえば、〝時間の貯金〟ができるので、あとがラクです。

ただ これだけで イイ!

ながら技を極めて、時間を倍にする

13 コストパフォーマンスからタイムパフォーマンスへ

映画を観に行って、とてもつまらなかったとします。この場合、あなたが損した金額はいくらでしょうか？

映画代の1800円？

いいえ、違います。1万2000円の損です。

年収500万円のサラリーマンの時給を約2500円とします。仮に自宅から映画館までの往復が約2時間なら、上映時間の2時間と合わせて、合計4時間を費やしていますから、2500円×4＝1万円。それに往復の交通費を加えると、1万2000円以上の損というわけです。

私たちはお金を投下するとき、コストパフォーマンス（費用対効果）を重視します。

お金は減れば目に見えますが、時間は見えないので、どうしても軽視してしまうのでしょう。

もちろん、コストパフォーマンスとタイムパフォーマンスは、それぞれが置かれた立場や状況、社会的なステージによっても異なります。

たとえば収入が少ない人にとっては、相対的に時間よりお金の優先順位が高くなるし、収入が多い人にとっては相対的にお金より時間の優先順位が高くなる、ということはあるでしょう。

しかし、**お金は失ってもまた稼げばいいだけですが、失われた時間は取り戻すことができません。**

そこでこれからは、タイムパフォーマンス、つまり時間対効果についても意識してみることが大切です。

ただこれだけでイイ！

あなたの寿命は毎日毎分、短くなっていることに気づけ

14 見切る勇気を持つことが大切

先のタイムパフォーマンスの考え方でいくと、「迷わない」「決断力の速さ」「見切る勇気」が重要になってきます。

とにかくあれこれ迷うよりも、まずやってみる。その場合、自分なりに判断基準というか、仮説を持っておくと意思決定スピードが上がります。

たとえば、食事する店を選ぶとき、メニューの写真がしっかりしていれば、すぐに入ります。というのも、飲食店にとっての商品は「料理」ですから、そのプレゼンテーション手段であるメニューの写真を丁寧に撮っているということは、自らの商品を大事にしているということ。そんな店の料理なら、きっと美味しいだろう、という仮説です。

それで入ってみて、雰囲気が悪かったり、味が美味しくなければ、すぐに店を出て別の店に行けばいいのです。そして自分の仮説を修正していく。

それを繰り返すと、瞬時でも、大きく外さない意思決定ができるようになります。

映画やレンタルＤＶＤも、ちょっと観てつまらなそうだったら、見切ってパッとやめる。

「お金を払ったからもったいない」といって最後まで付き合うのは、お金と時間のダブル損になります。

であれば、損失はお金だけに食い止めるほうがトクというものです。


ただこれだけでイイ！

捨てる決断が新たなチャンスを呼び寄せる

15 ビジネスは走りながら軌道修正する

仕事に、完璧な準備などありえません。

どんなに周到な準備をしていても、走り始めてみると、まったく別の方向に転換しなければならないことはよくあります。

軌道修正を迫られる可能性があるなら、準備や計画に必要以上に時間をかけるのではなく、見切り発車でもよしとする姿勢を持っておくことです。

新規事業はまさにその繰り返しで、計画どおりうまくいくほうが珍しいものです。

事業計画書の作成を推奨するコンサルタントや起業セミナーは、ほとんど当てにはなりません。だってそんなものは結果的にムダになるから。

だから私は新しいビジネスを立ち上げる時、事業計画書なんて作ったことはありません。キャッシュフローを把握して資金ショートさえ起こさなければ、走りながら軌道修正したほうが、結果として儲かるようになります。

1年間を調査と計画に費やして、次の1年で一巡させるようなのんびりとした時間軸ではなく、1日でプランニングし、1週間で一巡させる。それによって、前者の52倍の経験値が得られます。

たとえば、週の前半に新しいセミナーの企画を思いついたら、すぐに週末の貸し会議室を押さえ、告知文章を考える。その日の夜には集客用ウェブサイトをアップし、募集を開始。メールマガジンやブログでも告知する。そして土曜日にセミナーを開催して資金回収。終了後は課題を洗い出し、次の企画や集客のための参考とする、というふうに。

他人が1年間で経験することを、自分は1週間で経験する。他人が10年間で得られるノウハウを、自分は1年間で身に付けるのです。

ただこれだけでイイ!

速く動けば早く結果がわかる。早く次の課題が見えてくる

16 自分にとって充実した時間を生みだす

私たちは「効率的」という言葉にとかく惑わされがちです。

確かに「効率化」は重要。では、それをやった先には、自分が目指すものが手に入るのか？

私たちは、基本的には撒いた分しか刈り取ることができません。では自分は、何を撒いているのか？　それは本当に刈り取りたいものなのか？

時間をムダにしないように動き回り、少しでも効率よく進めることを目的にしてしまうと、「目の前のこと」だけに振り回されて、忙しいだけで終わり、ということになりかねません。

また、面倒くさいことから避けるために、「それは非効率的だ」と主張してしまうことがあります。

本当はやるべきことはわかっているけれども、それは面倒だからやりたくない。自分が大変になるのがイヤだ。これ以上忙しいとか仕事が増えるのはイヤだ。もっとラクな方法がいい。

だから効率的じゃないと思ってしまう。

しかし面倒な方法を除外すると、効果のある方法は残らないものです。だから結果も出ない。

会社にとって効率的で生産性の高い従業員であることと、自分にとってそうであることとは必ずしもイコールでないということを意識したいものです。

ただこれだけでイイ！

効率を捨てて効果を追おう

17 情熱は効率を超える！

世の中には時間管理をまったく考えなくてもいい人がいます。

時間の効率化といっさい無縁でいられる幸福な人、それはとてつもなく好きなことだけをやっている人です。

仕事でも、趣味でも、創作でも、**自分がそのことに情熱を持ってやっている人は、もう四六時中、そのことばかり考えているので、濃縮された生活となります。**

たとえばミュージシャンは、朝から晩までずっとスタジオにこもって作業をしていますが、彼らは「働かされている」「やらされている」感はまったくなく、「やりたいことだからずっとやっている」のです。

ただ
これだけで
イイ！

好きなことに時間管理はいらない

どんなヘタレでも、好きなこと、本当に必要なこと、期待されていることをやっているときは、集中力が長続きします。

これは、子どもを見ているとよくわかります。

彼らは勉強するときは、1時間と集中して机の前に座っていられませんが、好きなゲームだと3～4時間は平気で集中していられます。

好きなことを見つけ、それに邁進できると、もはや時間管理なんていらないのです。

18 残業は「悪」ではない

いつまでも会社に残って残業していると、効率が悪いとか、仕事ができないと思われることがあります。

会社によっては「ノー残業デー」をもうけ、社をあげて残業をなくしているところもあります。このように世間では、残業は「悪」、残業は「非効率」という考え方が広がりつつあるようです。

でもよく考えれば、残業しないことが目的ではなく、「成果」を上げることが一番の目的ですから、そのためなら、かけた時間に関係なく、たとえ残業になろうとも、「成果」さえだせればいいわけです。

そのために結果的に残業になるなら、残業も「悪」ではないはずです。

ただ これだけで イイ！

時給で働くことから足を洗い、成果で働こう

「定時で上がろう」というのは、時給で働く人の考え方です。

そもそも、自分のやる気や集中力とは関係なく、会社が決めた就業時間という枠組みに縛られるほうがナンセンスです。

時間をかけるか、かけないかということより、「成果」が重要なのですから、「残業してはいけない」とか「いかに残業しないでやるか」といった議論は、私個人はあまり意味がないと思っています。

「時間が来たら帰る」というような「時間で働く」クセをつけてしまうと、「残業代が出ないならやらない」「休日出勤なんて割に合わない」と、雇われなければ生きていけない人生まっしぐらです。

「時間」ではなく「成果」で考える習慣をつけたいですね。

19 早朝出社の「前残業」という考え方

先に残業は悪ではないと話しましたが、ただ、夜どおしになる残業はどうしてもダ**ラダラする傾向があるので、私自身は「前残業」を心がけています。**

最近はほぼ個人で活動できるようになったので就業時間は24時間ですが、自分の会社を興したとき、始業時間の1時間前の8時半には出社していました。

社員が来る9時半までの1時間が、私の「前残業」の時間です。

社員が出社してくると、指示を出したり、取引先から電話がかかってきたりと、「自分の時間」が持てません。

そこで、始業前の「前残業」1時間が、貴重な「自分の時間」になります。

ただ
これだけで
イイ！

誰も見ていない一人の時間の使い方が差を分かつ

その1時間では、基本的には集客のための時間に費やしました。

メルマガの原稿を書いたり、ホームページの更新や修正といったこと以外にも、販売エリアの拡大、アライアンスの方向性などを考えていました。

夜、一人会社にいて作業するより、朝、一人で作業するほうが、私ははかどる気がします。

蛍光灯の下での仕事より太陽の光を浴びての仕事のほうが何十倍もの成果があがるのではないでしょうか。

20 時間をお金で買うという発想

お金は目に見えますが、時間は目に見えません。

そのため、お金を出すのを渋ってしまって、お金と引き換えに得られる貴重な時間を見逃すことがあります。

お金と時間を一度、天秤にかけて、「今この状況はお金のほうが大切なのか、時間のほうが大切なのか」を見極めたうえで、判断するクセをつけることも必要です。

つまりお金と引き換えに、何が得られるのかを考えたとき、それが時間であって、もし自分が時間を割いてそれをやっておくことによって、さらに将来大きなリターンが得られるのであれば、あえてそこでお金を投下することで時間を買うのは、有効な先行投資だということです。

たとえば移動中にやっておくとさらにクオリティが高まる仕事があれば、電車を使わずにタクシーに乗るとか、新幹線はグリーン車で行くとか、飛行機ならビジネスクラスを取ってもいいでしょう。

お金を余計に払うことによって、より快適で集中できる時間が生まれるのなら、積極的に投資としてやったほうがいいのです。

家から会社までが遠い人も、特急券やグリーン券を買って乗ると、片道1時間なり2時間なりの移動時間が快適に、有意義に使えます。

あるいはどうしても通勤の時間を短縮したければ、会社の近くに引っ越してしまうとか、会社の近くにマンションを借りるのも有効な投資です。

そこをケチるか、ケチらないかで、自分の人生が大きく変わるような場面なら、当然お金を投資したほうがいいのです。

お金は何かをするための道具に過ぎません。目的があって節約するのは別ですが、ただやみくもに節約するためにケチっても意味がありません。

ただこれだけでイイ！

お金はなくなったら稼げばいい。失われた時間は取り戻せないことを知る

私も、根をつめて企画書や原稿を書かなければいけないときは、自腹でホテルを取ることがあります。

クオリティの高いものをつくろうとするのなら、そこで使ったビジネスホテル代が1泊1万円だったとしても、それ以上のリターンが発生するだろうと思うからです。

21 会社の帰り道、ビルの明かりの数は、自分より努力している人の数

こんな経験はありませんか。

今日もへとへとに疲れ、「一生懸命に仕事をした」と思いながら会社を出た。でもそんなとき、ちょっと上を見上げてみると、高層ビルが建っているのが見える。すると、それらのビルには、ちらほらと明かりが……。

そう、自分が帰ろうとしている瞬間にも、まだ仕事をしている人が、大勢いるということです。それを見て、「よくやるなあ、大変そうだなあ」と感じるでしょうか。それとも、「まだがんばっている人がいる。自分はまだまだだ」と感じるでしょうか。

20代、30代の時の**私は、後者でした。**

なぜなら、人より能力が劣っている自分が、人より突き抜けるためにはどうすればいいかを考えたとき、量で勝負するしかなかったからです。

他人より優れたビジネスモデルを思いつけない自分が、他人より短い労働時間で勝てるはずがないと思っていたからです。

「量より質」「労働時間が長ければいいというものではない」と言っていいのは、抜きん出たアイデアを出せる人か、低い収入に甘んじていられる人のどちらかだと思っています。

私はその明かりを見て、居ても立ってもいられず、会社に引き返して仕事をしたことが何度もあります。

それは、「ちょっとばかり資産ができたからのんびりしてていいや」とか、「不労所得で暮らせるからもう働かなくていいや」といった、ともすればヌルく生きようとする自分にカツを入れてくれました。

「負けるもんか」と自分を奮い立たせて、深夜まで働きました。

とにかく、たくさんの成功と失敗を経験する。すると、コップの水が溢れるように、あるところで「越える」瞬間が来ます。越えたときから、決断力も上がり、仕事の優

ただこれだけでイイ！

幸福も成功も地面には落ちていない。今日から上を向いて歩こう

劣も見ただけでわかるというように、カンが鋭くなります。

もちろん、どちらが良い悪いもないですし、どちらが正しいとか間違っているとかでもありません。

自分のやる気魂に火をつけてくれるのは、どちらの感じ方が効くか、ということです。

第3章

30代で「稼ぐ人」になるための

コミュニケーション

他人の短所を見れば憂うつになり、
他人の長所を見れば人生が明るくなる。
デール・カーネギー

22 情報を集めたければ、発信せよ

商売人の多くは、店や商品といった自分の情報を取り上げてもらおうと、せっせとメディア（出版社やテレビ局）にリリース資料を送ります。なぜなら、メディアは情報を発信するからです。

つまり**情報は、発信するところに集まるということです。**

これは人も同じ。

「自分はこんな情報を持っています」とか「こんなことに興味がある」とか「こんなことをやろうと思っている」といった情報を外に発信していくと、その情報に反応する人が現れます。

「実は私も興味を持っていたんです」「それなら、こういう人を知っていますから、今度ご紹介しますよ」というふうに、さらに人も情報も集まります。情報だけでなく、人も紹介すればするほど、人脈が増えていきます。

そんな成功体験があるので、「自分が思っていることを、何でも言いふらせ！」が私のモットーです。

人によっては、アイデアが盗まれるのを警戒して、情報を隠す人がいます。でも、その程度で真似されてダメになるようなアイデアは、遅かれ早かれ消えていくでしょう。むしろ積極的に発信するほうが、「こんな工夫も、あるんじゃない？」と他の人からフィードバックをもらえます。

アイデアが未熟で自信がなくても、とりあえず言ってみる。すると、不思議なことに、自分の世界が広がっていきます。

ただこれだけでイイ！

発信する人に情報は集まってくる

23 情報をもらうときは、必ず自分も提供する

自分からは情報を出さずに、一方的に「情報をくれ」とやって来る人がいます。

私も本を書いたり、講演で情報を発信しているので、いろいろな人からコンタクトがあります。

たとえば「金持ちになる方法を教えてください」とか、ただもう「会いたい、会いたい」と言ってくる人もいますが、一方的に「情報をくれ」ではなく、自分のほうからも何か提供する姿勢が大切です。

クレクレ星人は、誰からも相手にされなくなっていきます。

なぜなら、誰かに教えを請うということは、その人の時間を奪うことになるからで

す。

そこで人に声を掛けるときは、**「自分のこんな経験・情報をあなたに提供できます」とか、「あなたに役立ちそうなこんな人をご紹介します」というふうに、相手にとって役に立つ提案をすることです。**

それができないなら、きちんと報酬を払うのが筋でしょう。

私の場合は、「一緒にジョイントセミナーをやるのはいかがですか？」などの提案もさせていただき、相手の方から教えを請うようにしています。

ただこれだけでイイ！

基本中の基本、ギブ&テイクの精神をわすれずに

24 飲み会を「金会」に変える方法

「最近の若者はあまりお酒を飲まなくなった」「会社での飲み会に参加したくない人が増えた」という話を聞くことがありますが、私個人は、ノミュニケーションは人の輪を広げ、深めるためには有効だと思っています。

一般的な飲み会というと、だいたい夜7時ごろから始まって11時ごろまででしょうか。時間にして約4時間ですから、冷静に考えると、バカにできない長さです。

それゆえ、会社の同僚と飲みに行って、いつも上司や会社の悪口ばかり言っているようであれば、とてももったいない。

ただ
これだけで
イイ!

飲み会の時間も自分の成長に役立てよう!

そこで私は、**飲み会に行くときは、基本は同じメンバーだとしても、毎回違う人を一人から二人招待するようにしています。**

「今日は、こんな人をつれてきました」と、新しい人を紹介すれば、相手にとってもネットワークが広がってプラスですし、新しい人が参加すると、お互いに新鮮な話題で盛り上がります。

そんな飲み会が縁で、実際に取引が始まった、という事例がいくつもできています。

セミナーなどの企画になることもありますし、実際いま現在、私自身も飲み会で知り合った人と、ビジネスをしています。

25 一緒に飲むなら前向きな人と少人数で

あなたは、どんな人と一緒にお酒を飲みたいですか？　私の場合は、招待するのは、どうでもいい人ではなく、「以前から会いたいと思っていた人」。

さらに、**前向きな人です。**

経営者が集まると、基本的には儲かるネタとかビジネスの話題がほとんどです。

そんな会話の途中で、「それは無理じゃないですか」などという発言をする人がいると、盛り下がってしまいますからね。

さらに、仕事に困っている人を呼ぶのも要注意です。これは私自身も経験しましたが、あとでその人が強引にセールスしてきて、辟易したことがあるからです。

自分の知人友人の中に招待する人がいなければ、参加メンバーにお願いすればよいでしょう。

私の飲み仲間もみんな、そのあたりは心得ていますから、毎回新鮮な話題、知らなかった世界を垣間見ることができ、非常に有用です。

先ほど、情報は発信すればするほど集まってくるという話をしましたが、人脈も同じ。紹介すればするほど人脈が倍増していきます。

情報も、お金も、人的資産も、使わないで囲っておいても、何の広がりも得られませんから、どんどん活用したいものです。

もう一つ注意しているのは、飲み会の人数。

参加者の全員が共通の話題で盛り上がれるのは、5から7人が限界です。

それ以上だと、話せる人が限られてしまったり、違う話題のグループに分かれてしまいがちなので、できるだけ少人数の会にのみ参加するようにしています。

合コンや交流会なら大人数でもよいのでしょうが、私は極端な人見知りで大人数のパーティーなどは苦手なので、**「小さく、濃く」というコミュニケーションを中心にしています。**

そうやって、人数は少なくてもつながりが強ければ、無理をせずに友人の友人、またその友人というふうに輪が広がっていきます。

生涯に出会える人数には限界があります。その中から人脈としてつながっていく人はもっと少ないでしょう。新しい人にどんどん会っていくという人もいますが、私はじっくり仲をはぐくんでいくほうが合っています。

ただし、飲み過ぎると酔ってダラダラして、さらに何を話したのかも覚えていないということになりがちなので、なるべく1次会でパッと切り上げるようにしています。

ただこれだけでイイ!

友達の数は少なくていい。グッと濃い友人をつくろう!

26 誘ったほうがおごる

原則として「誘ったほうがおごる」というのが、大人のお金の使い方の基本であると、私は考えています。

もちろん同期や同僚、友人との食事なら割り勘でいいのですが、社会人として仲良くなりたい人を食事に誘ったら、費用は自分もちです。

自分から誘っておいて割り勘にする人は、基本的に「相手に感謝する」という気持ちがない傾向があります。

相手が自分のために時間を割いてくれた、自分は相手の大切な時間を奪っているという意識が希薄なので、つき合ってもまずろくなことはありません。

なので私は、初めての相手はそこをよく観察しています。

ただし、相手が目上の方の場合など、「いやここは私が」なんてやりとりをするのはみっともないので、そこは素直におごられるという配慮も必要です。

そのときは、「次回はぜひ私のほうで一席設けさせてください。今日はとても有益な時間をありがとうございました」と**感謝の気持ちを述べ、次につなげる言葉を忘れずに。**

しかし、相手が大物であれば、たいてい自分が知らないうちに会計が済んでいるものです。

トイレに立ったすきに、サッと支払いを済ませてしまうのが彼らの習慣です。

ただ これだけで イイ！

気持よく「おごり」「おごられる」のが大人のマナー

27 「自己チュー」になっていないか考える

転職の理由で最も多いのが「職場の人間関係」。楽しい日々になるか憂鬱な日々になるかは、人間関係が握っていると言っても過言ではありません。

ではなぜ人間関係の悩みが出てくるのでしょうか。

実はその多くは、「自己チュー」つまり、自己中心的な考えから起こります。相手が自分の思った通りに動いてくれないから、ストレスがたまってしまうのです。

自分の価値観と相手のそれは違うのが普通です。しかし、自分の価値観を相手にも押し付けようとするから、「理解できない」「けしからん」「不謹慎だ」などという不満の言葉が出てくるのです。

それは非常に自己中心的な発想ではないでしょうか。

私も以前はそうでした。

「相手はこのような言動をするべきだ」「上司は自分をこのように評価するべきだ」「上司・先輩・同僚・部下・後輩は、自分に対してこういう態度を取るべきだ」

しかし、実際はそうはならないから腹が立つ。もちろん、自分からそれを相手に伝えたこともありません。相手が自分の都合よく動いてくれる、言葉をかけてくれるはず、という傲慢な考え方でした。自分の勝手な「あるべき論」を私は、相手に押し付けていただけだったのです。


よく、会社に対して文句を言う人がいますが、会社だってそうです。そもそも会社とは、世の中に価値を提供し、利益を得ていく組織であり、従業員のために存在するわけではありません。

また、仕事とはそもそも従業員のスキルアップのために設計されているわけではありません。だから、ただ仕事をしていれば能力が高まるわけでもないし、給料が維持されるというわけでも、もちろんありません。

そして私は、こう発想を変えるようになりました。
「人は自分の思い通りにならない。そもそもそういうものだ。」そう捉えておけば、相手がどう動こうと、それほど不満にはならないものです。そして、その中でいかにうまくやっていくかが本当のコミュニケーションです。

また、**人間関係の悩みを、愚痴を言うことで解決しようとする人もいますが、私は仲間同士で愚痴や悪口の言い合いをするのはさけたほうがいいと思います。**

陰口は、まわり回って必ず相手の耳に入ります。
もし、どうしても愚痴をこぼしたいなら、会社とはまったく関係のない第三者に話してみることです。第三者に客観的に聞いてもらうことで、本当に相手が悪いのか、単なる自分のわがままなのかがわかるでしょう。

ただこれだけでイイ！

他人の文句がでてくるのは「自分がない」証拠

28 甘え上手は最大の武器

私は甘え上手は最も強力な武器の一つだと思っています。

とくに女性の社員に多いのですが、上手にお願いして、男性社員に仕事を助けてもらっているので、彼女たちの仕事は効率よく進んでいます。

依存しているとか他人任せという意味ではありません。

性別にかかわらず、甘え上手な人を見ていると、**普段から人に「心遣い」があることがわかります。**

たとえば「お茶をどうぞ」「手伝います」「それ、私がやりますよ」といった、ほかの社員への心遣いがよくできているのです。

ただこれだけでイイ！

相手を大切にすれば、自分にも返ってくる

また、同僚や上司が朝、出社してきたときや外回りから帰社したときも、ちゃんと本人のほうを振り向いて「おはようございます」「おつかれさまでした」と挨拶しています。

パソコンに向かったまま、顔も見ずに挨拶するのとは違い、一人ひとりの顔を見て、アイコンタクトを取るので、「あなたを大切にしています」オーラがちゃんと発せられています。

人を大事にする人は、人からも大事にされるということです。

そんな積み重ねの「気持ち」が蓄積されているので、何か自分が困ったとき、いろいろな人の協力が得られます。

すると、自分一人ではできないことも、たくさんの人の協力を集めて、大きな仕事が動かせるようになります。

29 甘え上手になるには聞き上手になる

男性でもなぜか人に好かれて、「あいつ憎めないな」という人がいます。そういう人を見ていると、実は本人はそれほど仕事ができない人でも、周りのサポートでいい結果が出せています。私の友人にも、年上の人に可愛がってもらえる「おやじキラー」がいます。

彼の特徴は非常に「聞き上手」なこと。相手の話を一生懸命聞いて、気持ちがよい相槌を打つので相手もノッて、どんどん話してしまいます。

人は基本的に自分のことを話したい、自慢したい、説教したい、そんな欲求を持っています。他人の話を聞くより、自分が話すほうが好きなのです。

自分が話していることを、「うんうん」「なるほど」「へえ、さすがだね」と聞いてくれる人に、一緒にいて楽しい、居心地がいいと感じます。そして、そんな人とならまた会いたいと思うものです。

これは男女関係でも同じで、相手を落としたいと思ったら、自分が話すのではなく、相手にどんどん話させることです。とはいえ、完全にだんまりでうなづくだけでは、「こいつは人の話を聞いていない」「こちらの話に興味がないのか」と相手は不安になります。そこで、「つまり、こういうことですね」「そのあと、どうなったんですか？」「それはうれしいですよね」と、相手の話を受けて、タイミングよく質問し、言葉を返しましょう。

ボリュームとしては、相手が７割か８割話したら、残りを自分が話すようなイメージです。

「聞き上手」は「甘え上手」になるための、第一歩。「相手をしゃべらせたら勝ち」なのです。

ただこれだけでイイ！

相手の話に耳を傾けることが、愛される人の第一歩

30 甘え上手の上司は「ほめ上手」

上司のなかにも「甘え上手」というか、部下に上手に仕事を振れる人がいます。

そういう人は、多少人使いが荒くても、部下がついてきてくれます。


彼らの特徴は、**部下に仕事を振るときに、「こんなに重要な仕事を任せられるのはおまえだけだ」とか「期待しているよ」などという言い方をします。**

間違っても「簡単な雑用だからおまえにやらせるんだ」とは言いません。

そして、部下が仕事をやり終わったら、必ず「助かったよ」「ありがとう」「おつかれさま」というねぎらいの言葉をかけています。

ただこれだけでイイ！

できる上司は「ほめる」ができる人

行動科学の世界では、人は何かをやって60秒以内にほめられると、すぐにまた次のいいことをするそうです。

頑張る部下を持つ「甘え上手」の上司は、普段から部下をほめているはず。

ねぎらいやほめ言葉を言うのに、時間もお金もかかりません。

どんどん使いましょう。

31 会議は会議室では行われない

特に組織に所属している会社員であれば、喫煙室など、非公式な場での議論が大きな意味を持ちます。

オフィシャルな会議では、たとえば商品開発部と営業部が、それぞれの立場を代表してぶつかることがあります。

「開発がいい商品をつくらないから売れないんだ」「営業がぬるいから売れないんでしょ」と責任の押し付け合いになるといったことは、どこの会社でもあるでしょう。

会議ではそれぞれ自分の部門の利益を優先しますし、社長をはじめ重役たちの目もありますから、自部門の責任を認めるわけにもいかない。どうしても立場同士がぶつかります。

ただこれだけでイイ！

立場を離れたところで協力関係をつくろう

でも会議が終わったあと、喫煙室に行くと、部門代表という立場を離れてリラックスできるので、一気に本音が出ます。

「さっきはあんなことを言ったけれど、本当はもっとパンチのある商品をつくっていかなきゃいけないんですよね」とか「実際言われたとおりで、営業戦略を練り直さなくちゃいけないと思っているところです」とか、会議では出ないすり合わせが行われることもあります。

私自身はタバコを吸いませんが、会社員のときは、缶コーヒーだけ持って頻繁に喫煙室に出入りしていました。

最近は、喫煙スペースは減りつつあるようですが、会議が紛糾したあとは、タバコを吸う社員が集まる場所に行ってみましょう。

32 「死んでる会議」を活かす方法

会社員をやっていると、無駄な会議というものによく遭遇します。生産性のない会議、1円にもならない会議。しかも自分の時間は奪われる。もし自分が会議をコントロールできる立場なら、次の3つの方法を試してみてはいかがでしょうか。

1. 少人数
2. 事前にアジェンダを配っておく
3. ホワイトボードに書く

１は、全員が発言できるので、無駄がありません。

いろいろな部署の人がいろいろなことを言い出すと紛糾してしまうので、報告・共有が目的の会議以外は、少人数に限ります。

２は、議論の生産性を高めるために役立ちます。

読んでおけばいい程度のものは話さなくていいし、事前に論点を考えたうえで会議に参加できますから、思いつきレベルの議論になったり、その場で全員が「う～ん」なんて唸ってしまったりすることも防げる。

３も重要です。

話す言葉は消えていきますから、議論の手戻りや脱線を招きやすい。しかし書きながら議論すれば、共通の土俵ができ、論点がブレない。

本質の話をしているのか、瑣末《さまつ》な話をしているのかが見えます。また、議論の流れが共有でき、誰がいつまでに何をやるかも明確化できます。

対照的なのが国会中継です。

発言内容を誰も書いてないから、今どの論点を話しているかわからず、揚げ足取りになる。

今議論すべきではない瑣末な論点で紛糾する。言葉の空中戦になってしまう。首相や議長発言もホワイトボードに書いていけば、議論も空転しないのではないでしょうか。

ホワイトボードには、まずその会議でのゴール（目的）を書き、論点のズレを防ぎます。

そして参加者各人の役割分担と期限を明確にし、最後はそのホワイトボードをスマートフォンで写真に撮って議事録とすれば、何を話し合ったか議論の流れも共有できるというわけです。


ただこれだけでイイ！

紛糾している会議を見える化しよう

33 すべての議題にNOと言ってみる

自分では会議をコントロールできない場合は、大前研一氏が指摘する、「会議の提案に対してすべてノーを言うつもりで臨む」を実践してみましょう。

そうすると、**「なぜノーと言うのか」と自分の頭で考えざるをえません。「相手はこう反論してくるだろう」という想定で、さらに反論を考えようとしますから、退屈になりようがないのです。**

もちろん、実際に発言してしまうと問題なので、あくまでも自分の頭の中での鍛錬です。

思考のトレーニングは目に見えません。他人の仕事ぶりは見える。結果も見える。

ただ
これだけで
イイ！

批判をするところから思考が動き出す！

でも、その行動を生み出す元となった思考は見えない。

「自分は頑張っている」と思っている人の思考量と、「できる」とされる人との思考量は、目に見える形で比べることができません。

だから、自分では頑張っていると思っていても、実はそれほど頑張ってはいないことに、人は気がつかない。

そう考えると、他の人がぼーっとしている会議の時間などは、最適な思考トレーニングの場だと言えるでしょう。

34 ストレス解消よりストレスの元を断つ方法を考える

私たちのやる気をなくし、パフォーマンスを下げ、時間を浪費させる大きな要因の一つがストレスです。

そして、そのストレスを解消するために、居酒屋で愚痴ったり、買い物をして発散させるということになれば、お金も時間も浪費してしまいます。これはもったいない。

そこで、**もしイライラしたり、不安があるといったことがあるとすれば、その原因を探り、ストレスの元から断つことができないかを考えてみます。**

そうすれば、ストレス解消に時間もお金もかける必要がなくなります。

難しいのは人間関係のストレスです。

どこに行っても嫌いな人や苦手な人は必ずいます。

とはいえ、人間関係で逃げてしまうと、延々と同じ問題を繰り返してしまうことになるので、人間関係を改善できないかを考えてみます。

まずは直接本人と話すことです。

人間関係のギクシャクは、双方の理解不足の場合がほとんどですから。

私もコンビニの会社に勤めているとき、現場から叩かれたことがあります。このとき私は、批判しているその人のところにサシで話しに行きました。

そして、「問題提起をされていらっしゃると伺いました。ぜひお知恵をお貸しください。一緒に解決したいと思っています」と正面から聞きました。

さすがに相手も私に面と向かっては言いにくかったらしく「いや、そういう意味ではなくてですね。私も会社のため、社員のためを考えて言ったんですよ」と言ってくれて、それから関係がしっくりいったことがあります。

メールや電話では強硬な姿勢を取っていた人が、一対一で話すと、意外にいい人だった、ということはよくあります。

人間同士は鏡のようなものです。自分が〝嫌だ〟〝苦手だ〟と思っていれば、相手もあなたに対して同じような感情を持つようになります。すると、その人のあらゆる言動や行動が気にかかるようになります。

その人との関わりを絶てないのであれば、あなたの相手に対する関わり方、感情の持ち方を変えていくしかありません。

人とのストレスはケースバイケースで万能薬はありませんが、とにかくこちらが大人になって、コミュニケーションを取りにいくことです。

ただこれだけでイイ！

ストレスへの対処方法で、大人度がはかれる

35 考えてはいけない人のブラックリストをつくる

どこの世界にも、自己中心的で不愉快な人間というのはいます。何度思い出してもムカつく人もいるでしょう。

頭に来る出来事があると、怒りの感情が尾を引いて、ほかのことが手につかなくなります。

私もそうです。

私がかつて起業したばかりで交渉力が未熟だったころ、相手に取引条件を押し切られてしまったことがあります。

「ああすればよかった」と後悔し、思い出すたびにムカついて、何度も寝付けなかったことがあります。

そうならないために、「考えてはいけない人」のブラックリストをつくっておきます。

これは紙に書いてもいいですが、頭の中で指定しておくだけでもよいでしょう。

自分の成長や成功にまったく貢献しない人のせいで、イライラが募り、モチベーションが下がってしまうなんて、バカバカしいことこのうえありません。

ただこれだけでイイ！

くだらない人のことでイライラすることがくだらない

Column

傷ついた僕が選択した道

白鳥の中の「その他大勢」より、アヒルの中の「エース」になる

——バカな奴は単純なことを複雑に考える。
——普通の奴は複雑なことを複雑に考える。
——賢い奴は複雑なことを単純に考える。

この言葉は、京セラ創業者の稲盛和夫さんの言葉です。

僕がみじめな状況から脱出することができたのは、この言葉のように社会の原理に基づいて、会社選びをしたからです。

仕事の実力をつける手っ取り早い方法は、自分の能力以上の仕事をたくさんこなす

か、逆境やプレッシャーがかかる状況をいくつも乗り越えることです。
そのためにも、重要な仕事を任される環境が必要ですが、有名大企業や花形部門では、自分よりも優秀な人間が集まっているので、そんなチャンスはなかなか巡ってきません。

もちろん、多くの人が、大企業や花形部門に入りたがりますが、反対に、小さな会社や目立たない部門に、自分から手をあげていく人は少ないでしょうから、そこに自ら経験を積むために志願していくのです。

すると、遅かれ早かれ重要な判断力を要する仕事が回ってくるでしょう。新しいことに取り組むチャンスにめぐまれて、責任者を任される可能性も高くなる。そして、さらに経験を積むことができ、実力がついてきます。

また、誰もやりたがらないしんどい仕事、失敗しそうな仕事、地味なプロジェクトなら、たとえ自分が優秀じゃなくても、「キミに任せる」となって権限が増える可能性も高まります。

みんなが「失敗するかも」と思っているプロジェクトなら、うまくいけばたとえ小さな成果であっても高く評価してもらえるでしょう。

さまざまなチャンスが巡ってきた

僕はこの発想で、みじめな状況から抜け出すことができました。

最初の会社での失敗で完全に自信を失っていた僕は、次のコンビニ業界でやっていけるかどうかとても不安でした。

そこで、内定をもらったいくつかのコンビニ本部の中から、後発でもっとも店舗数の少ない企業を選びました。

理由は、後発企業であれば、まだ会社のさまざま制度が出来上がっていないため、自分のような人間でも何か役に立てるのではないか、と考えたからです。

未完成なら提案したことが受け入れられるかもしれない。まだ発展途上の会社なら自分も戦力としてやっていけるのではないか、そんな発想です。

それは狙い通りでした。

以前の会社で数々の失敗をしてきた僕のような人間でも、さまざまなチャンスを与えられました。

新しいプロジェクトに誘われ、新設部署に抜擢され、提案したことの多くをさせてもらえる環境を得ることができたのです。

その結果、ほかの社員以上に豊富な経験を積むことができました。その後、難関とされる外資系戦略コンサルティングファームにも入社できるほどになりました。

確かに優秀な同僚やライバルと切磋琢磨することも大切なことだと思います。

しかし**僕のように心が折れてしまった人間が復活するには、チャンスを与えられ、経験を積めるような場所が必要だった**のです。

あなたがもし、会社の主流部門にいないとしても、「傍流でこそ燃えよ」ということです。

「鶏口となるも牛後となるなかれ」という言葉があるように、自分が活躍できないところより、あなたに「なんとかしてほしい」と言ってくれる場所で輝くのです。

第4章

30代で「稼ぐ人」になるための

習慣

人間の運命を変えようと思ったら、
まず日々の習慣から変えるべし。

パナソニック（旧松下電器産業）創業者　松下幸之助

36 とりあえず始めてみる

イギリスの音楽評論家のアーネスト・ニューマンはかつて、こんなことを言ったそうです。

——「偉大な作曲家たちは、意欲がわいたから作曲に取り組んだのではなく、取り組んだから意欲がわいたのだ。ベートーベン、バッハ、モーツァルトは、毎日来る日も来る日も、作曲に取り組んだ。彼らはインスピレーションがわくまで待って、時間を無駄にするようなことはしたくなかった」

つまり、まず取りかかってみる、ということが必要だということ。

ただこれだけでイイ！

合言葉は「ＴＹ（とりあえず　やってみる）」

やり始めたら、なんだかノッてきた、という経験は私でもあります。

なので、始めてみたけど気分がのらない、という場合でも、とりあえず30分くらいは粘ってみるようにしています。

それでもダメなら、ほかの仕事に移ります。

高校受験や大学受験のとき、英語に飽きたら国語や社会の勉強をすることで、気分転換と集中力維持を両立させようとしましたよね。それと同じ。

たとえば、コラムの原稿を書こうと思っても、文章が出てこない。30分粘る。やっぱりダメだ。次は書籍の原稿に取り掛かってみる。30分粘る。これもダメなら次回の講演の資料づくりに移る。

おっ、乗ってきた！　というふうに。

とりあえず、始めてみることを習慣にしてみましょう。

37 細切れ時間をつくらない行動を心がける

多くのビジネス書には、「細切れ時間をうまく使う」と書いてあります。

確かに、日常の中では細切れ時間がたくさん発生します。

これを積み重ねると結構な時間になりますから、多忙なビジネスパーソンにとっては、細切れ時間をどう使うかが、ポイントになります。

しかし私は、**「そもそも細切れ時間をつくらないようにするにはどうすればいいか」という発想で行動を組み立てることを習慣にしています。**

たとえば、打ち合わせや外出の用事があるときは、特定の日にまとめてしまいます。

すると、1週間のうち、何日かは完全に予定のない日が生まれますから、打ち合わ

ただこれだけでイイ！

手帳に空白が多い人になろう

せの準備などに気を取られることなく、じっくりと自分の仕事に取り組めます。

もちろん、相手があることなので、常にというわけにはいきませんが、私はなるべくまとめられるように、こちらからスケジュールのリクエストを出すようにしています。

38 アポイント先には1時間前に到着

私はアポイント先には、1時間くらい前には到着して、近くのカフェに入ります。

そうすると、まとまった時間が取れるからです。短い原稿なら1本書けてしまいますし、企画書をつくることもできます。

そのためには、自宅や会社をそれだけ早く出なければならないのですが、**出発時間を気にしながら会社で過ごす1時間より、目的地近くのカフェで過ごす1時間のほうが、より集中できます。**

それに余裕を持って出かけることで、道中、たとえば、電車の中で資料を読んだりすることができます。

ただこれだけでイイ！

準備を大切にする一流の人になろう

これがギリギリに出発すると、「遅れるかもしれない」と時計を見ながらハラハラするので、何も手につきません。

時間に間に合ったとしても、５分や10分前に着いてしまうと、「ちょっと早すぎるな。５分くらいコンビニに入って時間を潰すか」ということになり、雑誌を立ち読みするくらいのことしかできず、ムダになってしまいますからね。

営業職などでアポイントがぎっしり詰まっている人には不向きかもしれませんが、予定が事前にＦＩＸしている方にはおすすめです。

サッカー日本代表の本田圭佑選手や川島永嗣選手はじめ多くのアスリートが言っているように、準備する時間はとても大切だということです。

39 3分でできるTODOを常に仕込んでおく

細切れ時間をつくらないように心がけても、やはり細切れ時間は発生します。

そのため私は、自分のスマートフォンのメモにTODOリストを書いておきます。ちょっと空いた数分で活用できるように、という準備です。

買い物リストを書いておき、外出のついでにリストアップしている本や雑誌を書店に行って買うとか、また駅で時間が空けば、こまめにスイカをチャージするようにしています。残高不足で改札でひっかかったりするのは面倒くさいですから。


また、仮にこのコマ切れ時間を3分と定義すると、とても短いと感じると思います。しかし3分というのは、実にいろいろなことができる時間です。

ただこれだけでイイ！

３分でも20回集まれば１時間になる

たとえば英語の学習。次の文章を音読（声に出して読むこと）すると、何秒で言えるでしょうか。

Ladies and gentelemen, thank you for the opportunity to make this presentation today.

（お集まりのみなさん、本日はプレゼンテーションの機会をいただき、ありがとうございます）

速い人で３秒、普通の人でも４秒もあれば音読できるでしょう。

ということは、３分あれば、１８０秒÷４秒＝45回繰り返すことができます。３分という時間が、短いように見えて、いかに長いか。

それ以外にも、確認の電話を１本かける、簡単な返信メールを１本打つ、経費精算シートに記入する、英字新聞の短い記事を１本読むなど、活用しようとすれば、たくさん出てきます。

40 「適当」のすすめ

仕事を進めるうえで、細部の正確さにこだわって時間をかけていると、本質を見誤ることがあります。**よくありがちなのが、企画書をつくったり、データの分析レポートを作成しているとき、細部の数字やデータを追い求めすぎてしまうことです。**

しかし何かの意思決定がされるような会議で、そのとき提出される資料の「成功確率」が89％なのか、91％なのかはあまり関係がありません。

かりに数字が2％違ったとしても、その程度の差であれば、提案された企画を「やる」とか「やらない」といった大きな意思決定が左右されることはなく、結論は「GO」なのですから。

全体の戦略を練り、ビックピクチャーを描くときに、マーケットの変化で、0コンマ何％の数字が違っていたとしても、どうでもいいことです。

結論に関係しないような、小さな部分にこだわって時間をかけたところで、ムダだということ。

細かく分析するあまり、本質とは関係がないところで時間を使いすぎてしまい、本来かけるべきところに時間がかけられないまま、タイムオーバーになってしまったとしたら、それは本末転倒です。

確かに財務資料なら、最後の1円まで数字が合わなければならないでしょう。

しかし、全体の意思決定をする場面であったり、0コンマいくつまで追求する必要がない資料の場合は、思いきって「適当」に切り上げる見切りも大切です。

自分自身、会社を経営する立場になってみると、何千何百何十円という数字などどうでもよいということを実感しています。


ただこれだけでイイ！

「今やっている仕事の本質とは何か？」を考えたことはありますか？

41 きれいな企画書はいらない

先の話にあった数字だけではなく、企画書や見積書をつくるときも同様です。

私は取引先に見積もりや提案書を出してもらうときに、「きれいな書類はいらないから、とりあえず早くお願いします」と伝えます。

カッコよく、カラフルできれいな資料はなんとなく説得力があるように見えるのですが、意思決定のためには体裁はどうでもよく、「とにかく早く」が優先事項です。


企画書も、見栄えよりも内容です。

エクセルできれいな表をつくったり、ワードの文字をいろいろ変えてつくったり。

しかし、体裁に時間をかけても本質的な付加価値向上とは関係ありません。

ただ
これだけで
イイ！

あなたの本来の仕事は、きれいな資料をつくることでなく何かの問題を解決すること

受験勉強でも、これは同じことが言えます。**50点を80点にするのはそれほど難しくありませんが、80点を１００点にするのはものすごく大変です。**でも、実は80点で合格であれば、もうそれ以上の努力は時間対効果が低いので、見切る。

それで浮いた時間で、他のことに取り組んだほうが、全体の生産性も上がるというものです。

ちょっと言い訳っぽいですが、私のセミナーの資料は、ほとんどメッセージの箇条書きのみです。全然カッコよくありません。

それよりも、どれだけ参加者にとって意味のあるメッセージを入れるか、どのようなストーリーで語れば理解が深まるかといったことにエネルギーを注いでいます。

42 いったん最後まで終わらせる

文章作成や企画書づくりで、**一つひとつを丁寧にすることも大切ですが、いったん全体をザーッと終わらせてから細部の詰めに入ったほうが、目的やメッセージがブレないことがあります。**

また、早く終わらせれば、その分、中身を確認したり、修正する時間の余裕ができます。結果的にそのほうが、最初から「完璧」をねらうより、クオリティの高いものになります。

私が前に勤めていたコンサルティング会社では、プロジェクトが佳境に入ると、毎日のようにチームミーティングがありました。

そこでは自分の手がけた部分の進捗状況や課題をプレゼンしますが、最初から「完

ただこれだけでイイ！

最初から完璧を目指すのではなく、まず「出してみる」を心掛ける

璧」な状態で進めていると、「間に合うかな？」という時間との兼ね合いが心配になります。そんな状態だと重要な部分のクオリティがいい加減になってしまうことが、よくあって、それで私は「いったん最後まで終わらせる」ようにしました。

そうすれば、「一応全体像はできている」という安心感があるので、そこから中身のブラッシュアップに専念できます。

また、仕事の手戻りを防ぐという効果もあります。

たとえば、ある仕事をやり終えたあとで上司に見せたら、「こうじゃないんだよ」とダメ出しやら修正を迫られると、それまで費やした時間と作業がムダになってしまいます。

とりあえず細部には目をつむり、枠組みだけでいいので、超高速で全体のストーリーや構成をつくって上司に見せる。もし本筋から外れていたら、最初の時点でフィードバックをもらえますから、ムダも防げるというわけです。

43 仕事は3回する イメージで

これを応用して、企画書やレポートなどは「3回やり直す」というイメージでやると、かなり完成度の高いものをつくることができます。

1回目は、とりあえず怒られない程度の粗さで、最後までザーッと終える。そして上司や周りの人のフィードバックを受けて、もう1回つくり直す。最後は自分が納得するまでブラッシュアップ。

とにかく、3回転させて仕上げるイメージで作業のスケジュールを組んでおくと、結果的にクオリティもスピードも同時に上がっていくことになります。

全体を3回もやっていますから、そのことについては自分もかなり詳しくなっていきます。念入りに1回だけやるより、ずっと説得力が増します。

ただこれだけでイイ！

3回やれば自分の血肉になる

この方法は文章や論文を書くときでも応用できます。

私が本の原稿を書くときも、まず箇条書きで言いたいこと（見出しや項目）を並べます。

次にその一つひとつの項目についてザックリ文章を書き散らかします。メモの書き走りのようなイメージです。最後に、順番を入れ替えたり、接続詞で文章同士をつなげたりしながら、仕上げていきます。

講演やセミナーの資料はパワーポイントでつくりますが、まず見出しだけを入れたスライドを最後まで全部つくり、それから中身を埋めていきます。

とにかくザーッと全体を見通して、それから中身を肉づけしながらつくっていくと、ボリュームがあるところとないところや偏りに気づいたり、新しいトピックを思いついたりします。

44 情報は整理しない

私の机の上は散らかっています。整理整頓するのが面倒くさいという理由が大きいのですが、資料類を整理すると、また取り出すのが面倒だからです。

同時にたくさんの案件を抱えていると、それらを同時進行させる必要があります。それをいちいち片づけたりファイリングしてキャビネットにしまったりすると、また出さなければならず、むしろ生産性が下がります。また、新聞や雑誌記事の切り抜きも一切やめました。

就職して1年間ほど、日経新聞の切り抜きをせっせと集め、スクラップブックにしたり、ファイルボックスに保管したりしていたことがあります。

しかし、それで賢くなった気になって終わりでした。せっかく切り抜いた記事もフ

ただこれだけでイイ！

情報はナマモノ。整理したとたんに死んでしまう

ァイルボックスに投げこんで終わり。活用されることなく忘れ去られていました。

情報は整理した瞬間に死んでしまうということに、あるとき気づいたのです。

そこで、今は必要な記事や情報はそのまま机の上にポンと置くことにしています。

集めてくる情報も、昔はただ漠然と「いつか使うだろう」と、興味をひかれたものは何でもかんでも収集していました。

でも「いつか使えそう」は「おそらく永久に使わない」ですから、「これを何に使うのか」という目的が明確でなければ、流して捨ててしまいます。

つねに最新情報が溢れ、そのスピードも速い。本はまた買えばいい。新聞や雑誌の記事は、ネット上に溢れている。

情報は保管するよりも、必要になったときにその都度収集し、使い終わったら捨てるという、消耗品として扱うほうが良いと感じています。

45 妄想のオバケを飼育しない

私は不動産コンサルティングの仕事をしていますが、お客様にはいろいろな方がいます。たとえば「不動産を買っても、もし大地震で壊れたらどうするんですか？」と聞いてきて、買うか買わないか悩んでいる人もいます。

もちろん、その可能性はゼロではありません。そこで、私はこう聞きます。

私―「あなたは飛行機に乗ったことがありますか？」
客―「もちろんありますよ」
私―「なぜお乗りになるんですか？　飛行機も落ちますよ」
客―「でも、落ちる確率は低いから」

ただこれだけでイイ！

不安は行動によってのみ解消される

私──「大地震だって、同じじゃありませんか？」

どんなことも心配して悩み始めると、キリがありません。

私たちは、日中、堂々と道を歩いていますが、それは安全だと思っているからです。

でも、１００％安全かといえば、そうではありません。車にはねられるかもしれませんし、通り魔に襲われるかもしれない。上から何かが落ちてくるかもしれません。

でも、その確率は低いと判断しているから、外を歩けるのです。

結局、その低い確率をどうとらえ、どう意思決定するかは、その人の思考次第といえます。リスクに対する許容度や耐性が低いと、恐れやリスクを自分のなかでどんどん膨張させて自滅するだけです。リスクへの想定は大切ですが、過度に不安を膨らませると、新しいことにチャレンジできなくなってしまいます。楽しいことはいくら妄想してもいいですが、不安などはふくらませないよう習慣づけましょう。

46 鈍感なヤツになる

鈍感なヤツになるというのは、細かいことを気にし過ぎるな、ということです。

小さなことにいちいち目くじらを立てない。周りが「それは問題だ！」と言っても、自分が問題にしなければ、問題解決は不要になります。

たとえば自分の個人情報保護を気にし、メールアドレスが漏洩したくらいで大騒ぎする人もいますが、そういう人に限って大したことのない個人情報なのです。

イベントホールなどでは、新型インフルエンザ対策として未だに消毒用アルコールボトルが置いてありますが、トイレに行っても手を洗わないような人のほうが、概して健康だったりします。

政治家のスキャンダルで「けしからん」と大騒ぎする人もいますが、本来、政治家

ただこれだけでイイ！

そもそも問題にしなければ、問題解決も不要

には政治能力を問えばいいだけのことで、政治家の私生活と私たちの幸福度とはほとんど関係ありません。

にもかかわらず、少しの失言や私生活の問題で政治家を辞めさせようとする人は、国家運営よりも、スキャンダルのほうが重要なのです。そんな国民がはびこっている国の政治が良くなるはずがありません。

恋愛でも、鈍感なほうが積極的になれます。

相手の反応に敏感すぎると、「あ、今の態度、あまり自分に興味ないのかも」と、怖くてアプローチを躊躇してしまいますが、気にし過ぎなければ気後れせずプッシュできます。

鈍感というのは、ストレスが多い現代社会においては、解決すべき問題の数自体を減らし、怒りや不満という感情を排し、余計なことに心を乱されない知恵ではないでしょうか。

47 目的とクオリティを考える

世間では物事は何でも短時間で終えるのがいい、という風潮があります。確かにそれはそのとおりです。

しかし、あとで振り返ってみたら、「やるだけやったけどあまり意味がなかった」とか、「ほかのことをやっておけばよかった」ということがよくあります。

まずは目的と目指すべきクオリティを考えて始めないと、単に短時間でやり終えてもムダになってしまうことがあります。

たとえば、ある経営コンサルタントが、クライアントから「中国に工場を建設し、中国市場に打って出る際の最も効率的なプランを提案してくれ」という依頼がありました。

さてこんなとき、あなたなら何から手をつけるでしょうか。

工場建設コストと予定月産目標から逆算して工場の規模を計算するでしょうか。あるいは、最も物流効率がよく地代が安い場所を探すかもしれません。

でも、本当に重要なことは「そもそも、なぜ中国進出を目指すのか？」という本当の目的です。中国に流通網をつくって販売を拡大したいのなら、代理店や商社を使って商品供給するほうが早いかもしれません。

あるいは、安くつくりたいのが本当の目的であれば、タイやカンボジアでつくったほうが安いかもしれません。


日常生活でも同様です。

たとえば、真夏の炎天下の田舎道を歩いていて、杖をついた老人とすれ違ったとします。そのとき老人から、「コンビニはどこにあるかね？」と聞かれました。コンビニは２km以上先なので、足の悪そうな老人にはちょっときつそうです。

このとき、あなたはどう答えるでしょうか？

これは私がある経営者の知人から出されたクイズなのですが、正解は、「どうしてコンビニに行きたいのですか？」だそうです。

もしかしたら老人は、水を飲みたいだけなのかもしれない。トイレに行きたいだけなのかもしれない。自分が水を持っていれば、それをあげることもできる。自分の家が近くなら、トイレを貸すこともできる。

まず「そもそもの目的は何なのか」を考えてから、それを達成するための手段を考えたほうがよい、ということです。

ただ これだけで イイ！

「そもそも、どうしたいの？」と問いかけてみる

48 違いを生む違いを探す

成功者と自分を比べて、いったい何が違うんだろうかと考えたことはあるでしょうか。年収とか企業規模とか知名度といった表層的な違いではありません。それは結果に過ぎませんから、そうではなく、**結果の違いをもたらしている違いのことです。**

成功者は何をどう考え、どう行動したのか、そしてそれが何に作用したのか。つまり、自分と成功者をへだてている思考と行動の「違い」は何かに注目することが必要です。

たとえば、外国でテロが起こったとします。多くの人は、その国への旅行や出張を控えます。しかしＩＴ企業を経営する私の知人は、「今が一番安全で、しかも安い」

といってバリへ旅行に行きました。こういう発想ができるかどうか。

あるいは、「筆王」という年賀状などを作成するハガキソフト躍進の立て役者である坂本桂一氏。

かつて、大手の取引先からクレームがあったときのこと。電話は週末の熱海のホテルからで、これから役員会だという。そして、「週明けの月曜日に会社に来て説明しろ」と言われたのです。

もし自分ならどうするか。

彼はすぐにスーツに着替えて車に乗り、一時間半後、ホテルのロビーで頭を下げたそうです。するとクレームを言った取引先の部長は、「まさかこんなにすぐ来るとは」と絶句し、

「こっちも少し言い過ぎた。いや、悪かったな。わざわざこんな遠くまでありがとう」と逆にねぎらいの言葉までかけてくれた。

しかも、それを知った取引先の社長から、

「そこまでしてくれるなんて、お前が日頃からいい人間関係を築いているからだろう。

坂本というのは偉いやつだから大事にしてやれ」と逆に評価が上がったということです。

こういう行動ができるかどうか。

成功している人と自分との違いは何かで終わるのではなく、違いを生んでいる違いは何かに着目する。

結果の違いをもたらすものは、行動の違いです。では、行動の違いをもたらすものは何かというと、「考え方」の違いです。

だからその考え方を、より成功する方向へチューニングしていく必要がある。そのためには、今の自分が持っていない考え方をインストールする必要がある。

そのためには、本を読み、人と会い、旅をし、新しい仕事に挑戦していく必要があると考えています。


ただこれだけでイイ！

真似るべきは、「何をやったか」ではなく、「なぜそうしたか」

49 共通点を探すことに意味がある

たくさん本を読んでいると、だいたい同じようなことが書かれていることに気がつきます。

普通は「何か新しいことを言っていると価値がある」と思いがちですが、それは逆です。

いろいろな成功者が、皆同じことを述べているのだとすると、それが「真実」に近いと言えます。そこにある「共通点」こそが、自分にもできる可能性がある普遍的な教えなのです。

もちろんその人なりの切り口や表現のしかたがあるので、人によってテイストは違ってきます。でも言っていることの本質が一緒であれば、それを抽出することによって、得られるものが大きいと思います。

ですから、**私はたくさんの本を読みながら、いつも共通項を探すように注意しています。**

「なあんだ、前に読んだ本と同じじゃないか。つまらない」ではなく、「あ、この人もこう言ってる。これってやっぱり大事なんだ」と考えます。

「それって共通項があるよね」という読み方をする人は、ポジティブな人。違いにばかり気をとられるのは、ネガティブなタイプに多く、そういう人はなかなか本から学べません。

目の前の小さな変化や違いにばかり目を奪われていると、大きな流れに気づきません。不変の「真実」を見失ってしまうのです。昔からある養命酒や正露丸、オロナミンCがなぜ、いまも売れ続けているのかというと、同じメッセージを言い続けているからです。

ただ
これだけで
イイ!

成功者が言うことの共通点こそ本質である

不変のものを持ち続けるのは、会社を経営するうえでもとても大切なことだと思っています。

変化を敏感に感じ取り、先んじて対応することも確かに重要なことではあります。

しかし、変化にばかり気を取られると、逆に変化に翻弄されてしまいます。

会社の経営でも個人の生活でも、ブレない普遍の軸を持っておくことは、自信を失ったとき、迷ったときでも、依って立つ根拠になります。

50 仕事を面白くする

私は学生時代、新聞配達のアルバイトをしていたころ、いろいろな技を編みだしました。

自転車で新聞を配達するので、どのように自転車を立てかけると、次にスムーズに動きだせるかとか、新聞をどう積むとたくさん積めて、しかも取りだしやすいかとか、

小さな工夫をどんどん重ねていくわけです。

すると技術が高まっていって、面白くなります。

「今日は1時間50分で配り終わったぜ」などと仲間と競争して、楽しんでいました。

ビルの清掃のアルバイトをしたこともありましたが、そのときも、いかに短時間できれいに清掃できるか工夫していました。

1階からやっていくのがいいのか、最上階の12階からやるのがいいのか、モップはどこからかけるのか、ゴミはどのタイミングで集めるのか、工夫次第で、効率がどんどん上がりました。

今考えると、たとえアルバイトであっても、自分なりに情熱を持ってこなしているうちに、無意識のうちに生産性を上げるやり方が学べていたのだと思います。

つまらないと思って、嫌々やれば、それは自分にとってムダな時間になってしまいますが、情熱を傾けるとそこから学べることはたくさんあります。

それは必ずや自分の将来に役に立ってきます。

ただこれだけでイイ!

つまらいことも、工夫次第で貴重な勉強になる

51 小さなことの積み重ねが将来の貯金になる

人生には修業時代が必要です。

新入社員で入社すると、最初はコピー取りや掃除をやらされます。するとと「私はこんなつまらない仕事をやるために、この会社に入ったんじゃない」と思いがちですが、それは違います。

小さなことすら満足にできない人に、大きな仕事が回ってくることはありません。

コピーもきちんと取れない人に、重要な仕事を任せたい人がいるでしょうか？

どんなことでも、与えられたことを一生懸命、クオリティを高くやるようにすれば、必ず、見ていてくれる人がいます。

ただ
これだけで
イイ！

将来の大化けのために、基礎をしっかりつくっておく

小さなことの積み重ねが将来の貯金になっていきます。

スポーツでもそうですが、どんなプロスポーツ選手でも、基礎体力づくりは欠かしません。それがすべての基本になっているからです。

地道で時間がかかって遠回りに思えることが本当は一番大切なのです。

52 プレッシャーをかける

これは私個人の経験則ですが、苦しい状況にあるときこそ、局面を打開するブレイクスルーのアイデアが生まれます。

ヌルい環境にいては、つまり今の自分の能力の範囲内でこなせる仕事ばかりしていては、ストレッチできません。あえて自分をキャパシティのギリギリまで追いこむような環境に置き、極限状態を乗り越える経験を繰り返して磨かれます。

昨今はブラック会社を避けようという風潮が強いですが、やはり「しんどい環境はイヤだ」「ラクして働きたい」という気持ちがあるからでしょう。

しかし私の周りの成功者は例外なく、かつてはブラック的な働き方（休みもなく超過労働、深夜まで勤務が当たり前、でも給料は変わらない）をした経験を持っています。

私自身、コンビニの本社で勤めていたときは朝7時から夜11時まで働いていましたし、コンサルティングファームに転職してからも、休みなく毎日タクシー帰りで仕事をしていました。でもその経験が、自分の仕事の地力をつくってくれたと思っています。そういえば、メジャーリーガーのイチロー選手もこんなことを言っていました。

――プレッシャーがかかる選手であることが誇りです

期待されているからプレッシャーがかかるということです。追いつめられた緊張感や、プレッシャーは成長のために必要です。

プレッシャーのない生活はラクかもしれませんが、誰からも期待されていないということになります。そんな環境でお給料をもらって、本当に「自分の人生を生きている」という充実感があるでしょうか。

ただこれだけでイイ！

周りと差をつけるために、自分を極限状態に置いてみる

53 オンとオフを使い分ける人は〝半人前〟

私は、オンとオフを分けるという感覚がなくなる働き方を意識しています。夢中になってやっているから、四六時中、そのことを考えています。いつも情報のアンテナが立っている。だからフッとした瞬間に「あ、あれはこうしてみると面白いんじゃないかな」とひらめきが降ってくる。

なぜ好きなことをやっているのに、就業時間外だからといって、その思考をやめなければならないのか。いや、本来はやめられないはずです。

つまり、「オンとオフを分けよう」と言っているうちは、まだ仕事に没頭できていないということです。だからそのことを忘れて気分転換したい。

そんな人は、無我夢中で取り組んでいる人には、永遠に勝てないでしょう。

もちろん、何が好きか、何が得意かは、いろいろな仕事をして、たくさんの経験を積まないとわかってこないというもどかしさがあるのも事実です。

だからこそ、早い時期から仕事の種類に関係なく、より好みせず数多くの経験を積み、自分の得意分野、夢中になれる分野のアタリをつけておきたいものです。

ただこれだけでイイ！

自分の得意分野を見つけるために、無我夢中で取り組んでみる

54 天気をコントロールできますか？

仕事にも会社にも人間関係にも、不満はつきものですが、まずは問題に感じている原因を特定し、それが自分でコントロールできるものか、あるいはできないものなのかを区別してみましょう。

たとえば小売業は天候変化の影響をうけやすい業態です。

私がコンビニにいたとき、予算未達のエリアマネジャーが、「今年は冷夏にやられて」とか「週末が悪天候のため客足が鈍った」と報告をしてきました。

悪天候はたしかに直接要因なのかもしれませんが、天候に影響されるのは「店舗を構える小売業の事業特性」に過ぎません。

天候は自分ではコントロールはできないので、それを原因にしても代案も改善策も浮かびません。そもそも天候を言い訳にするくらいなら、小売業をしてはいけないのです。

「携帯電話代にお金を使うためモノが売れなくなった」とも言われます。仮に携帯電話の存在が自社の業績不振の最大要因だとして、では携帯電話をこの世から消滅させられるでしょうか？

携帯電話の普及をコントロールできないならば、より価値のある商品を生み出す努力をするしかありません。

コントロールできないことは自分ではどうしようもありませんから、そこで悩んでやる気を失ってしまうのは、もったいないことです。

そんなものは割りきって思考から除外することを習慣にし、コントロールできるものに全力を尽くすのです。

ただこれだけでイイ！

コントロールできることに全力を尽くそう

第5章

30代で「稼ぐ人」になるための

視点・発想を変える

別の角度から眺めてみると、
世界は鮮明に見えてくる。

作家・思想家　ヘンリー・デヴィッド・ソロー

55 みんなの言うことは案外、正しくない

ここからは発想や視点を変えるお話をしましょう。

ユダヤ人の教訓に、「全員一致した決定は間違いだ。みんなが真剣に考えれば、一人ひとり違う意見が出るはずだ」というものがあります。

確かに私自身の経験からも、みんなが「悪い」と反対することが、案外よかったりしたことがあります。

典型的なのが本です。多くの批判レビューが書き込まれている本で感激したこともあれば、みんなが絶賛している本がつまらなかったことは、よくあります。

私たちは、つい多数の意見に流されてしまいがちですが、多くの人の普通の思考で判断すると、結果も普通にしかなりません。

少数意見、それもクレイジーな人のクレイジーな意見のほうが、驚くような良い結果を生む可能性があるということを意識し、クレイジーな意見を最初から捨てないようにしたいものです。

そこで私も、新書などで極端な主張の本を好んで読むようにしています。炎上するような意見のほうが、むしろ貴重ではないかと思っています。

もう**一つ着目したいのは、「みんなが言う」の「みんな」とは誰かという点です。**

それは経験がある人なのか、成功体験や失敗体験がある人なのか、自分よりもその分野で力量がある人なのか。そうでない人が言っているとすれば、そんな人の意見を信用するに値する根拠とは何か。

そんな多数意見を鵜のみにし、貴重なチャンスを見逃し三振しないようにしたいものです。

ただこれだけでイイ！

「みんなが言うから」の〝みんな〟を一度考えてみる

56 視点を転換させて悩みを払拭する

「この商品を開発して、もし売れなかったらどうしよう」と、こんなことを言う人がいます。でも、そんなことは誰にもわかりません。売れるか売れないかは、やってみなければわからないのです。

なのに、「売れなかったらどうしよう」というマイナスの方向にフォーカスしてしまうと、「行動」にブレーキをかけてしまいます。

ほとんどの悩みは、自分の中で妄想を膨らませているだけで、大して根拠のないものです。 妄想を大きくする前に、とらえ方を変える。つまり視点を転換させることが重要です。

視点を変えることについて、有名な話があります。

ただ これだけで イイ！

悩んだら、別の角度・視点から見てみよう

ある靴メーカーの社員がアフリカに市場調査に行きました。

一人の社員は本社に戻って、深刻な顔で、こう言いました。

「部長、ここは誰も靴を履いていません。マーケットはまったくありません」

もう一人の社員は、意気揚々と帰ってきました。そして、こう報告したのです。

「部長、ここの人たちはまったく靴を履いていません。ものすごく有望なマーケットです」

どちらの営業マンがより多くのチャンスを手にすることができるでしょうか。

同じ現象を見ても、その人のとらえ方によって、見方が１８０度変わってしまいます。視点を変えるだけで、大きなチャンスが巡ってくるかもしれません。

57 あえて仏滅に結婚式をあげるという考え方

「仏滅に結婚式をあげよう」というと、どう感じるでしょうか。

縁起が悪い？


私が「仏滅」でもいいと言う根拠はこうです。

もともと「大安」や「仏滅」は中国の「六曜」から来ています。しかし中国では意味がないものとして、その風習はとうに廃れています。

ですが、日本人だけが律儀に昔の「六曜」を守っています。

そんなこともあり、日本では「仏滅」に結婚式をあげる人は少数ですから、仏滅の日は費用が安く、しかも貸し切り状態です。

ただこれだけでイイ！

昔からあるルールを「なぜ？」と疑ったことはありますか？

人がみんなそうするから、という理由で、深く考えもせず慣習に従うのは、自分の頭で考えて行動していない。

「思考停止状態」に陥っているということです。

とはいえ、最近は、仏滅を気にしないというカップルも増えているそうです。

58 給料日に銀行に行ってはいけない

私はもう何年も前から25日には銀行に行かないようにしています。

理由は簡単。混んでいるからです。25日の昼休みともなると、銀行のＡＴＭの前には長蛇の列。金曜日や月曜日、五十日《ごとおび》（ほとんどの日本企業の決済日）も同じです。しかし給料日から数日ズラすだけで、並ばずにスイスイとお金がおろせます。

さらに最近は、一度に10万円くらいを引き出し、財布にはつねに15万円以上入っているようにしています。

基本的にクレジットカードで支払うようにしているので、なかなか現金が減らず、お金をおろしに行く頻度がグッと減ります。これも待ち時間をつくらない工夫です。

ただこれだけでイイ！

人と反対の動きをして得をする

銀行だけに限りません。ＵＳＪに行くと、必ずエクスプレスチケットを買って並ばずにアトラクションに乗ります。ディズニーランドでは、ファストパスを取っておく。人気のラーメン店は平日の午後２時に行き、飲み会の店は必ず予約を取っておく。旅行は必ずシーズンオフの平日に行く。温泉旅館の露天風呂なんて貸切状態にもかかわらず、値段はピークシーズンの半額です。

新幹線に乗るときは、平日朝10時以降の空いている時間帯を選べば、グリーン席でなくても広く使えます。

逆に、ゴールデンウイークや盆暮れ正月は、外出せずに仕事。

投資でも、人が売っているときに買い、人が買っているときに売ると儲けられるのと同じで、人が動く時期はじっとし、人が動かないときに自分は動く。

そうすると、人の渦に巻き込まれることなく、時間を失うこともなく、出費は最小限で行動することができます。

59 上司や部下と一緒に移動してはいけない。「現地集合・現地解散」が原則

上司や部下と一緒に取引先に行くとき、あなたは一緒に会社を出るでしょうか。

そのとき、道中はどんな話をするでしょうか。

今日の商談のための準備であれば、意味はあります。お互いのプライベートを話して理解し合う時間であれば、やはり意味はあります。

確かにこういうときでなければお互いのプライベートなことを共有する時間は取れないので、そういう時間だと考えれば、大切な時間と言えなくもありません。

しかし、「最近、寒いね」とか「あのニュース知ってる?」「あの部署の部長ってさ……」といった、単なる場をつなぐための会話であれば、あまり意味がありません。

誰かと一緒だと、自分だけ勝手に本を取り出して読むわけにもいきませんし、企画

を考えたり、パソコンで資料をつくったりといったこともできません。

たとえば電車の中で席が空いていても、なかなか座る勇気も出ないものです。

ですから**私は部下と取引先に行くときは、必ず「現地集合・現地解散」を原則にしています。**

出かけるときは、何か用事をつくって先に出ますし、帰り道も「ちょっと銀行に寄ってから帰るよ」と、**あえて時間をズラすことで、移動の時間を自分の時間にしています。**

出張に行く場合も「現地集合・現地解散」が鉄則です。

新幹線に乗るときも、飛行機に乗るときも、部下と一緒に移動するときはすべて席は別々、チェックインもバラバラにしています。

その場合の待ち合わせ場所ですが、私はなるべく改札やビルの前といった外での待ち合わせを避けています。

なぜかというと、外で立ったままだと、待ち時間中に他のことができないからです。

さらに、冬は寒いし夏は暑い（当たり前ですが）。それで相手が遅れてくると、イライラします。

しかしこれが、カフェやホテルのラウンジなら、前述したとおり、早めに行って仕事ができるし、仮に相手が遅れても気になりません。

そこで、ファミレスやカフェチェーンが検索できるスマートフォンアプリを多用しています。さらにそのアプリは店内でコンセントが使える店も検索できるので、快適なオフィス環境がどこでも手に入ります。


ただこれだけでイイ！

現地集合・現地解散で、気をつかうムダな時間を有効に使おう

60 仕事はキリの悪いところで帰ろう

私はいつも仕事をキリの悪いところで終わらせて帰るようにしています。

なぜかというと、キリのいいところで終えて帰ると、確かに達成感はあるものの、仕事のことをきれいさっぱり忘れ、思考のアンテナをたたんでしまうからです。

それよりも、次の仕事に少しだけ取りかかった状態で帰る。そのため、机の上もやりかけの仕事がそのまま広がっています。

すると問題意識のアンテナが立ったままなので、帰り道でどこかに寄ったり、誰かと会うときでも、そのアンテナにいろいろなものがひっかかってきます。

そして次の日、会社に来たとき、机の上は昨日の状態で、やりかけのままの仕事が広げてあるので、そのまま座って、すぐにトップスピードで仕事を始められます。

ただ
これだけで
イイ！

会社からの帰宅時はアンテナをたたまず、広げたまま帰ろう

これがきれいさっぱり片づけられていると、「昨日はどこまでやったかな？」と資料を取りだすのも面倒くさいし、それでモタモタする時間がもったいないのです。

もちろん、スッキリ仕事を片づけてからでないと気持ちが悪い人もいるでしょうし、会社員であれば、情報漏えいなどのリスクもありますので、一定の整理整頓は必要でしょう。

ただ私自身は、キリの悪いかたちにして、仕事を引きずっていたほうが、いろいろな情報が入って来る気がしています。

61 通勤で往復2時間は悪か？

たとえば通勤時間が15分で、しかも満員電車だと、何かに集中するのは難しいものです。

しかし、もし家が勤務先から遠く、片道1時間かかったとしても、自分だけの時間を確保できると考えると、非常に有効となります。1時間というまとまった時間が確保できると、読書や勉強でも集中できるからです。

もちろん混んでいればムダになりますが、始発駅近くなどで座っていける場合は、本を読んだりタブレット端末で調べ物をしたり、はたまた勉強したりと、自己投資の時間となります。

通勤に往復2時間かかるとすれば、1日2時間の通勤時間ですから、1ヵ月で40時

間、1年で480時間も自分の時間があると考えることができます。

さらに副次的効果としては、家賃や住宅の値段が安く、家計にゆとりが生まれるということがあります。

あるいは逆に、徒歩や自転車で会社に通えるところに住むというのもアリです。もはや通勤時間という概念ごと消し去ることができます。高い家賃なんてあとから回収すればいいという発想で、仕事に没頭する環境をつくることができます。

ただこれだけでイイ!

通勤時間は、その他大勢から突き抜けるチャンス

もちろん、個々人の状況、勤めている会社の状況によっても、どちらが良いかは異なるでしょう。自然の多い場所、学校区の良い場所、親が住んでいる場所など、仕事以外にも住まいを決める要素はたくさんあります。

自分の置かれた状況を考え、最も有効な時間の使い方ができるのはどういう形態なのか。そのうえで自分はどこに住むべきかを戦略的に考えられればよいでしょう。

62 人のせいにする人は、他人に振り回される人生を選んでいる

何かあると、すぐ他人のせいにする人がいます。上司が悪い、会社が悪い、政府が悪い、社会が悪い……。メディアも不平不満のオンパレードで、子どものいじめ問題、誰かの二股問題、失言問題……ヒステリーのように叩きます。

もちろん、ケースバイケースで、１００％他人に非があるという場合もあるでしょう。しかし私たちの日常生活において、そんな場面に直面するほうが稀です。そもそも自分の不遇が他人のせいであるならば、自分の人生はそんな人に振り回され、自分でコントロールできていないということです。

なぜ不平や不満が出てくるかというと、他人に依存しているからです。

「会社がこうしてくれればいいのに」→「会社がそうしなければ、自分は不利にな

る」↓「会社の方針に左右される」
「政府がこうしてくれればいいのに」↓「政府がそうしなければ、自分は不利にな
る」↓「政府の方針に左右される」

というわけです。会社や政府に自分が振り回されるなんて、そんな脆弱《ぜいじゃく》なでつま
らない生き方ってあるでしょうか。それよりも、
「会社は関係ない」↓「自分で努力して有利に持っていく」↓「会社の方針が変わっ
ても自ら対応できる」
「政府は関係ない」↓「自分で努力して有利に持っていく」↓「政府の方針が変わっ
ても自ら対応できる」

と言える人が強いのではないでしょうか。

そうすれば、会社や政府がおかしなことをしても、不満を抑えられるし、自分で何とかしようと必死で考え行動します。会社や政府の動きに、自分の人生が左右されることがなくなります。

たとえば、私は電力会社の値上げには納得できません。そこで、その電力会社に不

満を言うのではなく、どうすればお金を払わずに済むかと考えました。

そこで、自宅の電灯はすべてＬＥＤ化し、冷蔵庫もインバーターの超低消費電力のタイプのものを買いました。ベランダで太陽光発電し、スマートフォンの電力を賄《まかな》っています。電源が使えるカフェで仕事すれば、パソコンの充電も不要。こうして我が家の電気代は、前年の半分以下となりました。そうやって利害関係が薄くなれば、彼らが何をしようと気にならないものです。

これは一つの例に過ぎませんが、**やるべきことは、他人に怒りの矛先を向けるのではなく、どうすれば他人からの影響を最小限にできるかを考える。**

他人がどうこうではなく、「では自分はどうすべきか？」に思考を巡らし、行動する。それは無関心であれということではなく、依存度を下げるということです。

そのためには、「人のせいにしない」というマインドセットが必要ですが、それが本当に自分の人生を自分で支配することになると考えています。


ただこれだけでイイ！

人のせいにする人は、自分の人生のハンドルを自分で握っていない人

第6章

30代で「稼ぐ人」になるための

モチベーションマネジメント

チャレンジしなかったら、
成功するかどうかさえもわからない。

ナイキ創業者　フィル・ナイト

63 やる気が出ないときに やれることを 用意しておく

仕事の生産性を上げるためには、モチベーションを保つことが必要です。

しかし人間ですから、何をやっても乗らないときもあります。そんなときに、ただぼーっとするとか、見たくもないテレビをぼーっと観て時間をつぶすのでなく、どうせやる気がないなら、やる気がなくてもできることをやりたいものです。

たとえば単純作業が効果ありです。仕事中ならコピー取りや伝票書き、経費精算、書類や机の上の整理などを始めると、意外に没頭してしまうものです。

私の場合は、メールの返信をします。返信を全部終えて、それでもやる気が起きないときは、仕事に関連する本を読みます。

ただこれだけでイイ！

「やる気がでないときにやることリスト」をつくっておこう

それもダメなときは、名刺の整理です。

普段でも月に20～30枚くらい、イベントが重なったときは、月に100枚以上名刺交換しますから、アッという間に名刺の山ができます。そこで、やる気がないとき用に、普段はほったらかしにしています。

さらに疲労の重症度が増すと、デスクの整理や部屋の片づけをする。それでもダメなら、アニメが好きなのでアニメ動画を観る。

そうやって、何もやる気がないときにやれることを準備しておくと、つねに時間を有効に使うことができます。

64 やる気の貯金をしておく

集中力はあるはずなのに、なぜだかノらない。やる気はあるのに、なぜだか進まない。焦る。自己嫌悪。たまにこういうことがあります。

そこで、**普段からやる気の貯金をしておきます。方法は単純です。やる気があるとき、ヘトヘトになるまで徹底的にやり続けておく、ということです。**

打ち合わせのあと、なんだか猛然とやる気が湧いてきた。帰りの電車の中で本を読んでいると、猛烈に集中してきた。カフェで勉強していたら、俄然ノってきた。そういうときってあると思います。

そんなときは、後ろの予定を蹴飛ばしてでも延々とやり続けるのです。

打ち合わせのあと猛然とやる気が出てきたら、就業時間が終わり誰もいなくなっても、やり続ける。飲み会の予定が入っていたら、「仕事が延びて」と時間を遅らせてもらう。英会話教室やマッサージの予約はキャンセル。

帰りの電車の中で集中してきたら、そのまま終点まで乗っていく。終点まで行ってしまうと戻りの電車がない場合は、家に帰らず駅のホームのベンチでやり続ける。

カフェで勉強していてノってきたら、閉店まで粘る。閉店になってもまだやる気があれば、24時間営業のファミレスやマクドナルドに移動。

そうやって、やる気があるときに徹底的にやることで、やる気がおきないときの分まで「やり貯め」しておくのです。

「やる気のあるとき」というのはお金では買えない貴重な時間ですから、多少カフェ代がかかっても、タクシー代がかかっても、十分モトはとれます。

やる気貯金ができた日が多ければ多いほど、安心してサボれるので自己嫌悪になりません。

ただこれだけでイイ！

「やる気」はあなたの人生を変革するパワーがある

65
「つまらない仕事」だと思う人は、単に自分がつまらない人間なだけ

多くの先人が指摘していることですが、最初から好きな仕事にありつけるのは、ごく少数の恵まれた人です。ですから、はじめはそれほど好きでもない仕事からスタートすることになります。

その仕事にどう関わっていくかが、その後の勝負の分かれ目です。

「これは自分がやりたい仕事じゃない」と斜に構えて手を抜くと、自分の得意分野が見えてくることはありません。

なぜなら、仕事そのものに最初からやりがいが備わっているわけではないので、徹底的にのめり込まないと、その仕事の真髄が掴めないからです。

主体的でもなく、責任もとらずという仕事は、自分の成長に貢献しない仕事となり

ただこれだけでイイ！

「仕事が面白くない」のは、「自分が面白くなるように関わっていない」だけ

ます。それはつまり、作業しかやっていない、ムダな時間となってしまいます。

私自身、「ああ、この仕事が好きかも」とわかってきたのは、やっと38歳を過ぎてからのことです。

「そうは言っても、やっぱり今の仕事は面白くない」という人もいるでしょう。でもそれが試金石です。

伸びる人というのは、つまらない仕事でも面白く変える創意工夫ができる人だからです。逆につまらないという人は、「面白くする」という知恵も工夫もない人間だと自ら宣言するようなものです。

つまらない人にどんな有意義な仕事を与えても、つまらない結果しか生み出しません。それはつまり、そもそも自分の頭の中身がつまらないということです。

66 不安は行動と挑戦によってのみ払拭できる

今年も来年も、そしてその次の年も、そのまた次の年も、激動の年になりそうです。

これからの日本も世界も、どうなるかわかりません。

そんな中、言いようのない不安を感じている人も多いと思います。


私も不安がありますが、それ以上にワクワクしています。不安とワクワクを同時に抱えている状態ですが、未知の時代への期待感のほうが大きいと言えます。

なぜかと言うと、私はいつも「挑戦し続けること」を自分に課しているからです。

守りに入れば、不安との戦いです。

お金を守ろうとすれば、リスクを極度に恐れ、発想が小さくなります。

地位を守ろうとすれば、周囲をイエスマンで固め、独裁に走ります。
会社員という立場を守ろうとすれば、失敗を恐れ、新しいことに取り組まなくなります。

たとえば投資の世界では、経験のない人は、損失を極度に恐れます。元本が割れたら大騒ぎします。リスク無く儲けたいという、あり得ない欲望に駆られます。
しかし、つねに投資にチャレンジしていると、リスクのあるところにこそリターンがある、ということがわかるので、一時的な損失は気にならなくなります。

挑戦するということは、当然、失敗もあるでしょう。でも、失敗を経験すると、「失敗したら何が起こるか」「どういう気持ちになるか」「次はどうすれば良いか」を知ることができます。

たとえば注射の痛みを経験すると、「注射を打つときの痛みのレベルはこんなもの」とわかるので、次に注射を打つときは想定の範囲内で臨めます。
もちろん、これから私たちが生きる世界は、何が起こるかわからない、想像を超えた変革が起こりうる、前人未到の未来です。つまり、誰も経験したことのない、正解のない世界を生きていくわけです。

だからこそ、何が起こっても「想定の範囲内」として対処できるように、経験の引き出しを増やしていくことです。

そうすると、失敗は思ったほど怖くないということがわかりますから、再び挑戦できます。**どの世界も、挑戦した人が富を得て、挑戦し続けた人が繁栄するのだと考えています。**

「成功の反対は、挑戦しないこと」と言われるゆえんです。

挑戦こそ進化。挑戦し続ければ、変化が恐怖じゃなくなる（もちろん、新しいことに逃げることを奨励するわけではありません）。

旅行は計画を立てているときが一番楽しいと言われるように、そうやって追い続けていくこともまた楽しいのだろうと思っています。

ただこれだけでイイ!

人生のバッターボックスに立ったら、見逃しの三振をしてはいけない

67 日本には夢があふれている

以前、夫婦でカンボジアへ視察旅行にいったとき、現地のゴミ処理場を案内してもらいました。

そこでは、5歳から10歳くらいでしょうか。孤児の子どもたちが働いていました。しかも上半身ハダカで、靴も履いていません。

彼らはうず高く積まれたゴミの山の中から鉄くずを取り出す仕事をしていて、夕方にはブローカーが来て、その鉄くずと交換にお金を受け取ります。

しかし、丸1日働いてもらえるお金は、わずか40円ほど。彼らはおもいっきりブローカーに搾取されているのですが、仕事がないよりマシなので、文句も言わず、もくもくと働いています。

子どもたちの多くは、15歳まで生きられないそうです。裸足なので、足をけがして細菌が入り、病院にも行けず、ほとんど数年で死んでしまうとのこと。

ゴミ処理場に住んでいて、家もお金もなければ、学校にも行けないし、おいしいものも食べられない。

彼らはその短い一生を、ゴミの山に囲まれて死んでいくのです。

その様子を見たとき、私は涙が出そうになりました。子どもたちが気の毒だという気持ちと共に、いかに自分が恵まれているか、そのありがたさを実感したからです。

と同時に、**挑戦しないということが、とてつもなく罪悪だということも感じました。**

よく、「自分には無理」「リスクがあるから」という人がいますが、カンボジアの貧しい子どもたちからすると、「バカじゃねえの？」「お前ら、なんだってできるだろ？」と言われるでしょう。

彼らは挑戦したくてもできない。携帯電話もパソコンも持てない。どこかへ逃げたくても、逃げられない。人生を変えたくても変えられない。こんな状態で、夢なんて見られるでしょうか。

でも私たちは、**やろうと思えばなんだってできる、夢も見られるし実現に向かって走ることもできる。私たち夫婦は、日本に生まれてきたことに感謝**しました。

カンボジアから帰国した私たちは、さらにアクセル全開で仕事に打ち込んだのは言うまでもありません。

ただこれだけでイイ！

日本人に生まれたこと自体、ラッキーだと感じる

68 余力を残して眠りにつくのは、その日の自分に負けているということ

私が「自分に負けた」と感じるときは、「余力を残して眠る」夜です。そして恥ずかしながら、私は毎日自分に負けています。

『世界一の庭師の仕事術』(石原和幸・WAVE出版)、『坂本桂一の成功力』(坂本桂一・PHP研究所)、『成功を引き寄せる地道力』(國分利治・扶桑社)を読んだとき、私は全力を尽くしているフリをしていただけで、全然ダメな自分に気がつきました。

ちょっとばかり不労所得があるから、多少サボッても生活には困らない、というセーフティネットが、逆に甘える原因にもなっていたようです。

ワークライフバランスや残業ゼロなどと、どうしてそういうヌルい働き方を礼賛する世の中になったんだろう。

ただこれだけでイイ！

「今日の自分はどうだった」と毎夜自分に問い掛ける

日本の高度成長時代は、なぜあれほどまでに成長したのか。新興国がなぜ急成長しているのか。なぜあの人は急に成績が伸びたのか。

なぜ自分がフリーター上がりのダメサラリーマンから巻き返すことができたのか。それはやはり、死ぬほど仕事して、ヘトヘトになって、もう何もできない、というところまで心と体と脳みそを使い果たして、バタンキューで眠る。そういう生活をしてきたから。そこまで過激でなくても、余力を残して生活していては、永遠に自分のリミッターを外すことはできません。

20代から9時から5時で帰る生活をしてきた人、つまり制限速度内でしか走ってこなかった人は、1日15時間以上働いて、時速180㎞のリミッターを外して250㎞で走れるようになった人には絶対に勝てない。

そう考えると、「負けるもんか」という意欲が満ちてきます。

69 健康に投資する

タイムマネジメントとモチベーションマネジメントに関連して、非常に重要なのがヘルスマネジメント、つまり健康です。

どんなに日頃、効率的に時間を使っていても、風邪をひいて1週間寝込んでしまうとか、病気になって1カ月とか半年ぐらい入院してしまったら、せっかく積み重ねてきたものがストップしてしまいます。

入院とまではいかなくても、微熱や頭痛、肩こりが続く、冷え性でいつも足が冷たい、花粉症で頭がぼーっとする、というのもやる気や集中力を削ぐ要因です。

健康でない状態では、自分の力を発揮しにくくなります。

そこで、いかにそれらの要因を取り除き、長期にわたり、あるいは安定的にベストコンディションを維持するか、ということを考えます。

まず、前述のとおり、私は原則として睡眠時間は徹底的に確保します。

寝る時間が遅ければ、起きる時間も遅くします。寝ぼけた頭で8時間仕事をするより、澄み切ったシャープな頭で1時間仕事したほうが、私にとってはいいアウトプットになるし、達成感もあります。

もちろん、これは会社員には難しいと思いますが、起きる時間が決まっているのであれば、寝る時間をコントロールしましょうということです。

次は風邪対策。

私の場合は寒いと風邪をひきやすいということがわかっているので、冬は防寒対策を万全にしています。

ダサいと言われても、外出するときは厚着をしてマスクをし、予備の上着をバッグの中に入れていきます。室内では加湿器をかけ、靴下も二重に履いています。

あとは、日常のコンディションでよくあるのが肩こりです。パソコン仕事が多いため、どうしても肩がこりやすい。

そんなときは、軽く体操しながら散歩して代謝を高め、入浴剤を入れたお風呂にゆったりつかる。さらに、ドクダミ茶やグァバ茶など、健康茶を毎日約2リットル飲む、などと、いろいろ試しています。

やはり、健康あっての仕事や趣味です。

健康に投資するのは、人生に投資するのと同じくらいの意味があると思います。

ただ これだけで イイ！

健康であることが第一条件

おわりに

「人間の幅を広げるものは三つある。人と会うこと。本を読むこと。旅をすることだ」

これは、僕の好きな言葉であり、起業してからの行動指針です。

今の自分にはない価値観、今の自分が持っていない習慣を手に入れるには、この三つの行動が必要だと考えています。

実際に、この1年間を振り返ってみると、名刺は5００枚以上交換しました。そして、書籍代は1００万円以上、旅行代には5００万円以上使いました。

そして、すごい人、面白い本、刺激的な場所に触れるたびに、自分の未熟さを痛感しつつ、価値観を揺さぶられてきました。

そこで感じたことの一つが、本書のコンセプトでもある「シンプル」です。たとえば成功している人は、分野が違っても、世の中でよく言われている当たり前のことをやっているだけで、一般の人々とはただ、徹底度が違うだけ。

面白いビジネス書も、根底を流れるメッセージはほとんど同じ。ただ、表現や切り口が違うだけ。

僕が刺激的だと感じる場所は、どこも多様性と混沌さを持っている。ただ、国が違うだけ。

経済や金融、社会システムは複雑になっていったとしても、それらを解きほぐして「シンプル」に考えることが、物事の本質や自分が本当に取り組むべき課題に近づけるのではないかと僕は考えています。

本書は、2008年に刊行した本の内容を大幅に加筆修正したものです。

あれから5年、たくさんの成功と失敗を繰り返してきました。そこから得た教訓も本書に盛り込みました。

また5年後に本書を読み返したとき、加筆修正したい箇所がたくさん出てくることが、僕の進化をはかる一つの基準になると思っています。

最後に、以前の本の刊行からずっと僕の変化・進化を見守り、こうして再び本書を世に出すサポートをしてくださった、かんき出版の谷内志保さんに感謝いたします。

そして、本書に関わってくださったすべての皆さま、本書を手にとってくださった読者の方々にお礼を申し上げます。

「シンプル」を追求することで、あなたの人生がもっと楽しく素敵なものになりますように。

著者

2013年7月吉日

本書は2008年6月にインデックス・コミュニケーションズより刊行された『「突き抜ける!」時間思考術』を加筆修正のうえ、再構成したものです。

【著者紹介】

午堂登紀雄（ごどう・ときお）

◉——不動産コンサルタント。米国公認会計士。1971年岡山県生まれ。中央大学経済学部卒業後、しばらくニートをしていたが、これではいけないと会計事務所に就職。会計事務所では失敗ばかり、ダメ社員の烙印を押され逃げるように退社。しかし、その後、大手コンビニ企業に就職。入社当初は販売員だったが、マーケティング部門スタッフまで一気に昇格。そして、世界的な経営コンサルティングファームであるアーサー・D・リトルに移り、経営コンサルタントとして活躍。IT・情報通信・流通・金融をはじめとした国内外の大手企業に対する経営課題の解決や事業戦略の提案、M&A、企業再生支援など数多くの案件を手がける。

◉——サラリーマンとして働くかたわら、33歳のとき、70万円しかなかった貯金を独自の投資理論と手法を駆使し、1年間で資産3億円を形成することに成功。2006年、不動産投資コンサルティングを行う株式会社プレミアム・インベストメント&パートナーズを設立。現在は、経営者兼個人投資家としての活動のほか、講演も多数行っている。また、国内だけでなく海外にも不動産を持ち、資産は5億円を超える。

◉——著書に『33歳で資産3億円をつくった私の方法』『30代で差をつける「人生戦略」ノート』（共に三笠書房）、『お金の才能』（小社）、『この急騰相場は短期で稼げ！』（あさ出版）など多数ある。

http://www.drivin-yourlife.net/

僕《ぼく》が30代《だい》で5億円《おくえん》の資産《しさん》をつくれたのは、
誰《だれ》でもできるシンプルなことを大切《たいせつ》にしただけ。　〈検印廃止〉

2013年 8 月 5 日　　第 1 刷発行

著　者——午堂　登紀雄Ⓒ
発行者——斉藤　龍男
発行所——株式会社かんき出版
東京都千代田区麴町4-1-4 西脇ビル　〒102-0083
電話　営業部：03(3262)8011㈹　編集部：03(3262)8012㈹
FAX　03(3234)4421　　振替　00100-2-62304
http://www.kankidirect.com/

印刷所——シナノ書籍印刷株式会社

　ISBN978-4-7612-6936-4 C0030